Piccola Biblioteca Einaudi   36
Nuova serie
Arte. Teatro. Cinema. Musica

D1731470

Questo libro è una traduzione di *Introducing Music*,
pubblicato dalla Penguin Books Ltd, Harmondsworth, Middlesex

© 1965 Ottó Károlyi

© 1969 e 2000 Giulio Einaudi editore s. p. a., Torino

Traduzione di Giorgio Pestelli

www.einaudi.it

ISBN 978-88-06-15444-8

Ottó Károlyi
La grammatica della musica
La teoria, le forme e gli strumenti musicali

A cura di Giorgio Pestelli

Piccola Biblioteca Einaudi
Arte. Teatro. Cinema. Musica

Indice

Nota all'edizione italiana

In nessun campo come in quello musicale alcune caratteristiche della tradizione pedagogica italiana si sono ma-
nifestate con ripercussioni tanto limitanti e negative. L'e-
sclusione della musica dai quadri dell'unica cultura legitti-
ma, quella retorico-umanistica, e dal corso per eccellenza,
il ginnasio-liceo, ha origini antiche e in buona misura comuni a tutti i paesi in cui piú marcata è stata l'influenza
della Controriforma; l'eccezione dell'Austria, costretta
per ragioni geografiche a fronteggiare il vigore musicale
della Germania luterana, è sintomatica e istruttiva. In Italia poi, gli anni in cui la cultura musicale domestico-bor-
ghese veniva sostituita in tutti i paesi da quella di massa o
scolastica su vasta scala, coincisero con la trasformazione
della scuola operata sotto il segno dell'Idealismo; il quale,
come è noto, contribuí a radicare una profonda diffidenza
verso la scuola concepita come apprendimento di tecniche, verso il conseguimento di determinate abilità, di de-
strezze particolari. Ora, è chiaro che la musica, che piú di
altre discipline costringe a compromettersi con nozioni
tecniche, con strumenti e attrezzi, ha ricevuto raddoppiati
gli inconvenienti di questo spiritualismo pedagogico, finendo con l'essere di fatto estromessa dalla scuola e confi-
nata nelle scuole specifiche (nei conservatori di musica);
proprio in questa limitazione della musica alle scuole pro-
fessionistiche, e nella conseguente scomparsa del dilet-
tante-*esecutore* a favore del dilettante-*ascoltatore*, sta la
prima ragione dell'ignoranza musicale del nostro paese.
La musica bisogna *farla*: l'infamata «signorina di buona

famiglia» che *pianotait* la Sinfonia del *Barbiere* a quattro mani, aveva pur sempre qualcosa da insegnare al moderno maniaco dell'alta fedeltà che non legge una nota e per il quale le musiche ascoltate hanno il volto della copertina dei suoi dischi.

Il libro di Ottó Károlyi, che appare in un momento delicato e decisivo per la nostra istruzione musicale, trova oggi in Italia una situazione in movimento, in progresso sensibile. Sino a cinque anni fa l'Italia, con Afghanistan, Cambogia, Ceylon, Thailandia, Repubblica Dominicana e Vietnam, era uno dei sette paesi fra i settantatré aderenti al Bureau International d'Education che non contemplavano l'insegnamento obbligatorio della musica nella scuola. Lo scandalo (non del tutto legittimo, perché altro è aver dato al mondo una grande musica, altro organizzare la diffusione della musica nella società attraverso la scuola), è stato la leva che con riviste specializzate, convegni nazionali, tavole rotonde e fiumi d'inchiostro ha pazientemente smosso l'indifferenza delle autorità competenti. E dal 1963, con la riforma della scuola media, la musica si è finalmente affacciata nei quadri dell'istruzione obbligatoria: nel primo anno, un'ora alla settimana, come materia d'obbligo (non condizionante il passaggio all'anno successivo), nel secondo e terzo anno come materia facoltativa.

Questa *Grammatica della musica* nasce da un ambiente che non solo è di molti decenni avanti al nostro ma gli è addirittura antitetico in certi aspetti; come nel rispetto sommo per la tecnica, per la materia musicale e i suggerimenti in essa stessa contenuti; o nella vocazione divulgativa, l'unica tollerabile, quella che presenta in forma elementare i frutti di una ricerca pedagogica personale. Nasce da un paese come l'Inghilterra, di cultura musicale enormemente diffusa; a dare il tono della quale vale ricordare il «caso» occorso a Fedele D'Amico [1] al Lyric Theatre di Hammersmith a Londra: e cioè la commedia musicale di Crozier e Britten *Facciamo un'opera*, nella quale ad un

---

[1] Cfr. *I casi della musica (La musica e l'alfabeto)*, Milano 1962.

certo punto a *fare* l'opera partecipa anche il pubblico, il pubblico nuovo e occasionale di tutte le sere, che canta la musica leggendola semplicemente su un foglio distribuito all'ingresso del teatro. Quel pubblico non solo conosceva la grammatica della musica, ma anche la sua sintassi e il modo di esprimersi correntemente.

A un pubblico italiano invece il Károlyi presenta un problema piú complesso, essendo per molti lo studio della grammatica della musica ancora ostacolato dall'ignoranza dell'alfabeto musicale; lo stesso aspetto del libro, per metà fatto di note e simboli musicali, potrebbe far pensare a un testo per soli musicisti. In realtà è un libro per tutti perché tutti sono in grado di trasformarlo in una base per acquistare, con l'esercizio personale, la «destrezza» in tutti quei punti la cui prassi può essere solo spiegata ma non trasmessa al lettore; per fare un esempio, quell'operazione semplice ma indispensabile di riconoscere le note sul rigo musicale o su una tastiera una volta che il testo di Károlyi ne ha indicato la giusta posizione. Proprio il ricorso fittissimo a segni e simboli (alcuni anche non musicali e pertanto immediatamente intelligibili) e il frequente riferirsi alla struttura del linguaggio comune (domanda, risposta, segni di punteggiature, ecc.), riduce molto gli inconvenienti di questo genere di libri, quello cioè di spiegare le cose con termini essi stessi bisognosi di spiegazione. Chi poi vorrà insistere a rimanere puro «ascoltatore» di musica, userà questa grammatica come un prontuario, trovandovi chiarificate le caratteristiche principali del suono e del linguaggio musicale, le forme, gli strumenti e tutte quelle parole che sembrano inventate per turbargli l'ascolto, come *ciaccona, basso continuo, settima diminuita, acciaccatura* ecc.; né mancheranno curiosità e osservazioni pratiche che, ancora, potranno alleviare le pene di quanti per le ragioni piú impensate si trovano costretti a passare una sera in un teatro o in una sala dove si fa musica.

Non è piú necessario elencare i vantaggi di ogni tipo portati dall'educazione musicale; studiosi e critici italiani, come già i popoli dell'Arabia costretti dalla siccità a divenire insuperati irrigatori, hanno dato vita a una diffusa e agguerrita letteratura in proposito [1]. Oggi si ascolta troppa musica perché si possa ignorare del tutto come è fatta e chi lavora nella cosiddetta attualità musicale, vicino a studenti, pubblico di concerti, dilettanti di ogni provenienza, sa quanto è divenuta insistente e in certi casi addirittura assillante l'esigenza di entrare nel recinto di chi *sa la musica*.

«Toute chose sacrée et qui veut demeurer sacrée s'enveloppe de mystère... La musique nous offre un exemple. Ouvrons à la légère Mozart, Beethoven ou Wagner, jetons sur la première page de leur œuvre un œil indifférent, nous sommes pris d'un religieux étonnement à la vue de ces processions macabres de signes sévères, chastes, inconnus. Et nous refermons le missel vierge d'aucune pensée profanatrice»; queste seducenti parole di Mallarmé, fino a pochi anni fa tenute in grande conto, a quanto pare, soprattutto al Ministero della Pubblica Istruzione, mai come oggi suonano lontane dalla parte piú viva della realtà musicale italiana.

GIORGIO PESTELLI

[1969].

---

[1] Cfr. fra altro *La cultura musicale nella scuola italiana*, numero speciale de «L'approdo musicale», anno X (1964), n. 18; «Educazione Musicale», rassegna bimestrale (dal 1964); G. COLARIZI, *L'insegnamento della musica in Italia*, Roma 1967; R. ALLORTO, *Il consumo musicale in Italia*, in «Nuova Rivista Musicale Italiana» (dal n. 1 [1967] al n. 2 [1968]); A. MASCAGNI, *L'insegnamento della musica in Italia*, ivi (dal n. 4 [1968] al n. 1 [1969]); M. MILA, *Musica e scuola nel costume italiano*, ivi, n. 1 (1967).

LA GRAMMATICA DELLA MUSICA

*A mia madre
e a tutti coloro che mi hanno aiutato
nello studio della musica*

Prefazione

La musica è arte e scienza allo stesso tempo. Perciò, allo stesso tempo, deve essere colta emozionalmente e compresa intellettualmente; e anche per la musica, come per ogni arte o scienza, non esistono scorciatoie che facciano progredire nella conoscenza. L'amatore che si diletta ascoltando la musica senza capirne il linguaggio è come il turista che passa le vacanze all'estero e si accontenta di godersi il paesaggio, i gesti degli abitanti, il suono delle loro voci, senza capire neppure una parola di ciò che essi dicono. Egli *sente*, ma non è in grado di comprendere.

Questo libro fornisce gli elementi per una comprensione di base della musica. Anche se lo leggerete scrupolosamente non farà di voi un musicista né vi insegnerà a *scrivere* musica; come in ogni lingua, anche una scorrevolezza puramente grammaticale non si può ottenere che a prezzo di molti anni di esercizio. Esso si propone di presentarvi il materiale della musica e le sue leggi generali cosí come vengono applicate dai grandi compositori. Al tempo stesso vuole darvi qualcuno degli elementi di fondo necessari a capire l'andamento tecnico della musica che state ascoltando. Giungerete cosí, ci auguriamo, alla stessa situazione del turista che conosce una lingua in modo tale da consentirgli, quando si trovi nel paese in cui è parlata, di decifrare i giornali locali, intendere un po' di ciò che si svolge intorno a lui, avere qualche idea della topografia e della struttura sociale della nazione, ed esprimersi con gli abitanti senza far la figura di un muto.

Una cosa vi sarà di grande aiuto: una tastiera. Non importa se si tratta della tastiera di un pianoforte, di un cla-

vicembalo, di un armonium o anche di una fisarmonica.
La musica, arte dei suoni, deve essere ascoltata rendendo-
si conto dei suoni. Cercate di suonare tutti gli esempi proposti dal libro, magari servendovi di un solo dito. Infine, come disse Schumann, «non lasciatevi spaventare dalle parole "teoria", "basso numerato", "contrappunto"
ecc.; esse vi verranno incontro a metà strada se voi farete
lo stesso».

                                                      O. K.

Parte prima
Suoni e simboli

Tutte le cose cominciarono secondo un ordine, secondo un ordine avranno termine e allo stesso modo ricominceranno da capo; secondo il legislatore dell'ordine e la misteriosa matematica della città celeste.

THOMAS BROWNE

Il suono: materiale della musica

In principio, è lecito supporre, era il silenzio. Era silenzio perché non c'era moto alcuno e di conseguenza nessuna vibrazione poteva mettere l'aria in movimento, fenomeno questo di importanza fondamentale per la produzione del suono. La creazione del mondo, in qualunque modo sia avvenuta, deve essere stata accompagnata dal moto e pertanto dal suono. Forse è questa la ragione per cui la musica, presso i popoli primitivi, ha tale magica importanza da essere spesso connessa a significati di vita e di morte. Proprio la sua storia, in ogni varia forma, insegna che la musica ha serbato il suo significato trascendentale.

Il suono può essere prodotto solo da un tipo di moto: il moto (o *vibrazione*) originato da un corpo vibrante (per esempio, una corda o la pelle di un tamburo) che provochi onde di compressione-rarefazione giungenti al nostro orecchio attraverso l'aria. La *velocità* a cui il suono percorre lo spazio dal corpo vibrante al nostro orecchio è di circa 335 metri al secondo, velocità che, naturalmente, cambia secondo le condizioni dell'atmosfera. Come l'aria, esistono altri conduttori del suono, quali l'acqua o il legno, ma questo libro si occupa soltanto di suono musicale e del suo uso artistico, per cui l'unico conduttore che ci interessa è l'aria.

Se la vibrazione è regolare, il suono che ne risulta è musicale e costituisce una nota di altezza determinata; se è irregolare, il risultato è il rumore. Questo fenomeno si può facilmente illustrare graficamente. Un ago viene saldato ad una estremità di un diapason e sistemato verticalmente sopra un vetro annerito in modo da sfiorarlo ap-

pena. A questo punto il diapason è fatto vibrare e il vetro lentamente spostato in avanti. Il risultato è che mentre il diapason vibra, l'ago traccia un susseguirsi *regolare*
di curve.

Ogni suono ha tre proprietà caratteristiche. Serviamo-
ci di un esempio tratto dalla vita di ogni giorno. Passeg-
giando per la strada, noi ascoltiamo piú suoni contemporaneamente; automobili, motociclette, aeroplani, appa-
recchi radio, persone che camminano e chiaccherano producono simultaneamente suoni che possono essere gradatamente piú alti e piú bassi, piú forti e piú tenui. Col nostro orecchio noi facciamo una automatica distinzione fra
la voce acuta di un bimbo e quella grave di un uomo, fra il
rombo di un aereo di passaggio e il ronzio del traffico, e
riconosciamo se la melodia che ci giunge da una radio è
suonata su una tromba o su un violino. Cosí facendo, noi
veniamo incoscientemente selezionando le tre caratteristiche di un suono: *altezza*, *intensità*, e *timbro*.

Altezza

La percezione dell'altezza di un suono consiste nella capacità di distinguere fra suoni musicali alti e bassi. Un
suono è piú o meno alto secondo la *frequenza* (numero di
vibrazioni al secondo) del corpo che vibra. Maggiore è la
frequenza, piú alto è il suono; minore è la frequenza, piú
basso è il suono. I fisici dimostrano questo fatto col seguente esempio: un pezzo di metallo è fissato in modo
che una sua estremità sia a contatto con una ruota denta-
ta; questa viene poi fatta girare, provocando cosí le vibrazioni del pezzo di metallo. Se la ruota ha, poniamo,
128 denti, e con un motore regolabile la facciamo girare
due volte al secondo otteniamo un suono di 256 vibrazioni, o cicli al secondo (c/s). Se la facciamo girare una volta
al secondo otteniamo un suono di 128 vibrazioni, che è
piú basso del precedente, e cosí di seguito.

Il limite minimo percepibile dall'udito umano varia
dalle 16 alle 20 vibrazioni al secondo, il limite massimo
dalle 20 000 alle 25 000. I limiti della gamma di suo-

ni usati normalmente nella pratica musicale risultano piú evidenti dicendo che un coro misto [1] produce suoni la cui frequenza oscilla fra 64 e 1500 e che un grande pianoforte da concerto (con una tastiera piú lunga delle normali versioni domestiche) oscilla fra 20 c/s e 4176 c/s.

Intensità

Abbiamo visto che l'altezza di una nota dipende totalmente dalla *frequenza* della sua vibrazione. L'*intensità* di una nota dipende dall'*ampiezza* della vibrazione. Una piú o meno ampia vibrazione produce suoni piú forti o piú deboli.

forte

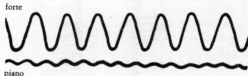

Esempio 1.   piano

Timbro

Il timbro (in inglese *quality* o, in francese, *timbre*) definisce la differenza di colore musicale tra una nota suonata su strumenti differenti o cantata da voci diverse. In tal modo il «colore» di una nota ci permette di distinguere fra vari strumenti che suonano la stessa melodia. Nessuno troverà difficoltà nel distinguere fra il suono emesso da una tromba e quello di un violino. Perché? La risposta ci conduce ad uno dei piú affascinanti fenomeni dell'acustica, gli *armonici*. La frequenza caratteristica di una nota è soltanto quella della *fondamentale* di una serie di altre note che sono simultaneamente presenti sulla nota base. Queste note sono chiamate armonici (o suoni parziali o ipertoni). La ragione per cui gli armonici non sono distintamente udibili, è che la loro intensità è minore di quella

[1] [O «a voci miste», cioè completo di voci maschili e femminili; «a voci pari» è il coro di sole voci maschili o femminili].

della nota fondamentale. Ma essi sono importanti perché
determinano il *timbro* di una nota, e al tempo stesso dànno chiarezza e smalto al suono. Ciò che ci permette di fare
distinzione fra il timbro, ad esempio, di un oboe e di un
corno è la diversa intensità dei vari armonici presenti sulle
note reali [1] che essi producono.

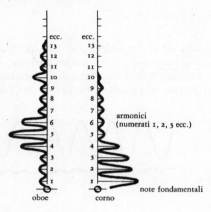

Esempio 2 (cfr. anche es. 86).

È facile immaginare quale complesso amalgama di onde
musicali può essere prodotto da una intera orchestra.

Prima di lasciare il campo puramente fisico, accennia-
mo a pochi altri punti, trattandosi di aspetti che si presentano frequentemente nell'esperienza dell'ascoltatore.

Altezza convenzionale

Quando andiamo in una sala da concerto, prima che
il concerto inizi, noi notiamo che ad un dato momento i
musicisti dell'orchestra o del complesso accordano i loro
strumenti su una nota suonata dall'oboe principale [2] o dal

---

[1] [O *fondamentali*].
[2] [Nell'organico standard di una orchestra sinfonica, gli strumenti a
fiato sono di solito usati a coppie, per cui si fa una distinzione fra *primo*

primo violino. Essi hanno intonato i loro strumenti su u-
na nota che ha (o dovrebbe avere) 440 vibrazioni al secondo. Questa altezza convenzionale fu accettata dalla
maggioranza delle nazioni occidentali in una conferenza
internazionale tenutasi nel 1939 [1].

Intonazione

Una buona intonazione, cioè suonare in tono (regolan-
do scrupolosamente l'altezza delle note), ha naturalmente
capitale importanza per il musicista (e certo, non meno
per i suoi ascoltatori). Ma cosa accade — acusticamente
— quando notiamo con disagio durante un'esecuzione che
questo passo è errato, che quell'altro è suonato troppo in
alto o troppo in basso? Noi, comunemente, diciamo che
l'esecutore è fuori tono. Ciò che avviene in realtà è questo: due note che hanno la stessa frequenza, per esempio
440, hanno, come sappiamo, la stessa altezza, e costituiscono un *unisono* [2]. Ma se una di queste è suonata leggermente fuori tono e ha solo 435 c/s, il risultato è che la
prima nota produrrà onde piú corte della seconda, e queste onde delle due note inevitabilmente si scontreranno u-
na coll'altra, producendo un effetto pulsante il cui numero di battiti prodotto al secondo è dato dalla differenza
fra le due frequenze. Nel nostro caso si tratterebbe di cinque battiti al secondo. È interessante notare che dopo un
certo numero di battiti (circa 30 al secondo), l'effetto di
disturbo tende a diminuire.

(flauto, oboe ecc.) e *secondo*; il primo, detto anche *principale*, di regola
esegue i passi piú importanti, come i passi solistici, e nella realizzazione degli accordi (cfr. p. 83 ed es. 224) suona la nota piú acuta].
[1] [Per semplicità matematica, nelle frequenze date per le note della tastiera riprodotta a p. 29 es. 5, si presume che l'altezza di la_3 sia 431 vibrazioni al secondo invece delle convenzionali 440/s].
[2] Cfr. p. 71.

Risonanza

Molti di noi avranno notato che cantando o fischiando
una nota ad una certa altezza può accadere che un oggetto
posto nelle vicinanze, un bicchiere ad esempio, si metta a
vibrare per simpatia. Ecco illustrato il principio della risonanza: quando due sorgenti di vibrazioni sono in condizione di vibrare con eguale periodo e una è messa in vibrazione, quella non sollecitata direttamente riceverà la vibrazione «simpateticamente» dall'altra. Cosí, quando noi
cantiamo, non sono le sole nostre corde vocali che producono il suono, ma le vibrazioni stabilite per simpatia nella
cavità della parte superiore del nostro corpo. La stessa cosa avviene con gli strumenti musicali fabbricati dall'uomo:
nel violino, ad esempio, sono le varie parti della cassa (vibranti in concomitanza con le corde sollecitate dall'arco)
le reali produttrici del suono. Questo fenomeno acustico
è molto sfruttato per rinforzare il suono di strumenti a
corde, sia ad arco sia a pizzico. (La viola d'amore, con le
sue corde «simpatiche» piazzate sotto le corde messe in
vibrazione dall'arco, ne è un noto esempio).

Acustica degli auditorium

Esiste un altro fattore che determina in buona misura,
o almeno modifica, il timbro sonoro di strumenti e voci.
È quello che ci fa giudicare un auditorium «buono» o
«cattivo», cioè in possesso o no di una risonanza equilibrata. Questo fattore veniva calcolato istintivamente dai
compositori ed esecutori del passato, in special modo da
Bach, che, come ci è stato tramandato, usava battere le
mani e contare in quanto tempo il suono veniva assorbi-
to, per ottenere una idea approssimativa dell'acustica del-
l'edificio in cui avrebbe dovuto suonare. Ma solo nell'ultima parte del secolo scorso fu trovata una spiegazione
scientifica per questo fenomeno. Oggi noi sappiamo che
se un auditorium è buono per il suono o no, ciò dipende
dalla durata del suo «periodo di riverberazione» (che cor-

risponde alla durata che impiega un suono a svanire). L'esperienza ha mostrato che il periodo di riverberazione piú adatto al discorso o alla musica è compreso all'incirca fra 1 e 2 secondi e mezzo. L'acustica di una sala può essere modificata con vari accorgimenti, il piú comune dei quali è applicare o togliere assorbenti di suono, come tappezzerie, schermi.

La notazione musicale

La musica, come ogni linguaggio, fu a lungo coltivata con trasmissione orale da una generazione all'altra (proprio come la musica popolare è tuttora trasmessa), prima che un qualunque metodo sistematico di scrittura fosse inventato. Ma in civiltà sviluppate il desiderio di avere testimonianza scritta di leggi (scientifiche e no), disposizioni permanenti e componimenti poetici, inevitabilmente fece nascere il problema di come scrivere la musica. La necessità era di trovare un sistema simbolico mediante il quale fosse possibile definire sia l'altezza sia il ritmo di una melodia. Le origini della nostra notazione musicale europea si trovano nei simboli abbreviati usati per la recitazione orale greca e orientale (la cosiddetta notazione *ecfonetica*[1]). Dal v al vii secolo dopo Cristo fu sviluppato da questi segni un sistema che vagamente indicava il profilo del movimento melodico; i suoi simboli furono conosciuti come *neumi*. La notazione musicale di questo periodo fu una specie di *pro-memoria*. Essa non definiva esattamente l'altezza dei suoni, ma dava soltanto un'idea approssimativa della melodia con lo scopo di aiutare il cantore quando la sua memoria aveva bisogno di una spinta, come un nodo al fazzoletto. Poi apparve per la prima volta, all'incirca nei ix secolo d. C., il rigo. All'inizio si trattò

[1] [In origine si trattava di semplici accenti indicanti un mutamento di altezza nella lettura in forma solenne di un testo liturgico, o di segni relativi a caratteristiche grammaticali (interrogazioni, esclamazioni ecc.). In seguito il sistema si sviluppò in un formulario piú complesso di cui ancor oggi non si è venuti completamente a capo. Tuttavia ciò che distingue i segni ecfonetici da altri tipi di notazione è che essi non riproducono un libero corso melodico, ma rappresentano un formulario melodico prestabilito].

semplicemente di una singola linea colorata orizzontale;
piú tardi, fu aggiunta un'altra linea colorata[1], e Guido
d'Arezzo (c. 995-1050), nel suo *Regulae de ignotu cantu*,
consigliò l'uso di tre e quattro linee. Quest'ultimo sistema, tetragramma, fu adottato e conservato come rigo tradizionale per la notazione del canto gregoriano[2], e a tale
scopo è in uso tuttora. (Il rigo è la linea orizzontale, o l'insieme di linee, che si usa per definire l'altezza di una nota).

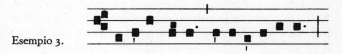

Esempio 3.

Dal secolo XIII in avanti le importanti innovazioni nel
campo della melodia, dell'armonia e della ritmica indus-
sero alcuni ingegni, musicisti e teorici insieme (fra cui
spicca Philippe de Vitry, 1290-1361, uno dei molti «pa-
dri» della notazione musicale) ad ampliare il campo della
teoria musicale. Il trattato di Vitry *Ars nova* spiega i principî della nuova arte nella loro opposizione alla vecchia
(*Ars antiqua*). Il sistema di notazione che esso stabilí è
sotto alcuni aspetti simile al nostro attuale. Ad ogni modo, sebbene il nostro attuale rigo a cinque linee appaia
per le prime volte già nel secolo XI, fino al secolo XVII non
vi fu un accordo generale sul suo impiego. Molti compositori ritennero necessario usare piú di cinque linee: Fres-
cobaldi[3] e Sweelinck[4], ad esempio, usarono righi a otto e
sei linee.

Dobbiamo ora esaminare i principî generali dell'attuale notazione musicale.

[1] [Nei primi manoscritti i colori delle linee sono due, rosso per la linea
che indicava il fa, giallo per quella indicante il do].
[2] [È il canto liturgico ufficiale della Chiesa cattolica e prende nome da
Gregorio Magno (c. 540-604) che lo fece raggruppare e unificare nell'*Anti-
fonario* fissandone l'uso nel servizio liturgico].
[3] [Ferrara 1583 - Roma 1643].
[4] [Amsterdam 1562-1621].

Notazione dell'altezza

L'altezza dei suoni è indicata dalla serie di sette sillabe Do Re Mi Fa Sol La Si, serie conclusa nuovamente da Do in modo da produrre un *intervallo* da Do a Do di otto *note*[1]. Queste otto note sono rappresentate dai tasti bianchi del pianoforte (cfr. es. 4).

A questo punto ci imbattiamo in una difficoltà terminologica su cui conviene accordarci prima di proseguire. Nell'uso corrente la parola «nota» applicata alla musica può significare tre cose: ·1) un suono musicale singolo; 2) il simbolo *scritto* di un suono musicale; 3) piú raramente, un tasto del pianoforte o di un altro strumento. Per non generare confusione useremo il termine «tasto» per il terzo significato e cercheremo di rendere chiaro dal contesto se per «nota» si intende il primo o il secondo significato. In questo e nel seguente paragrafo useremo «nota» nella prima accezione.

L'intervallo di otto note da Do a Do è chiamato *ottava*. (Un intervallo è semplicemente la distanza, o la differenza in ordine d'altezza, che passa tra due note: per modo che un intervallo di cinque note è una quinta, di quattro note una quarta e cosí via. Si contano entrambe le note di partenza e di arrivo). Il rapporto fra le frequenze dei due Do (vedi la discussione acustica a p. 20) è 1:2. Per ciò se la frequenza del Do prescelto è 256 (come·è di fatto il do centrale del pianoforte), la frequenza del Do immediatamente superiore sarà 512, e quella del Do immediatamente inferiore 128.

Se voi suonate contemporaneamente due Do a distanza di ottava sul pianoforte, voi avrete·l'immediata' conferma che vi è una speciale e peculiare relazione fra loro: essi cioè producono gli *stessi* suoni, ma ad altezze *differenti* e la relazione matematica delle loro frequenze ne spiega la ragione.

---

[1] [Nei paesi di lingua inglese e tedesca si è conservato l'uso di indicare le altezze dei suoni mediante una serie di lettere alfabetiche che, per ragioni storiche, comincia da C e non da A; l'ordine è il seguente: C (Do) D (Re) E (Mi) F (Fa) G (Sol) A (La) B (Si). L'uso francese è come quello italiano con la sola eccezione di Ut per Do].

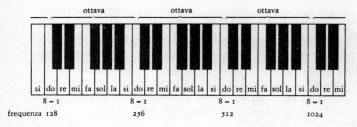

Esempio 4.

Con lo stesso principio, noi possiamo ottenere una ottava partendo da ogni nota; infatti le note Re-Re, Mi-Mi,
ecc., sono nello stesso rapporto di Do-Do. Osservando i
tasti bianchi di un pianoforte, è facile riconoscere il basilare principio della divisione dei suoni musicali secondo
logiche proporzioni. La maggior parte delle tastiere di pianoforti sono divise in sette ottave; partendo dalla piú bassa tali ottave prendono i nomi di *contra, grande, piccola,
una linea, due linee*, eccetera. Le abbreviazioni correnti
(indicanti l'esatta posizione, ad esempio, dei vari Do), sono: Do, do$_1$, do$_2$, do$_3$ (do centrale del pianoforte), do$_4$,
do$_5$, do$_6$ [1].

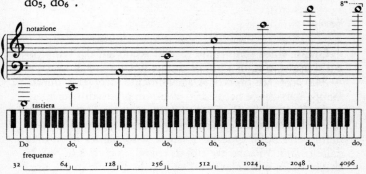

Esempio 5.

[1] [Le abbreviazioni per indicare le stesse posizioni nei paesi di lingua
inglese sono: C$_1$ C c c' (do centrale) c'' c''' c''''; i tedeschi abbreviano cosí:
C$_1$ C c c$_1$ (do centrale) c$_2$ c$_3$ c$_4$. In Francia si usa il modo italiano con la
sostituzione di Ut a Do].

Ma tali note hanno semplicemente la funzione di pietre miliari in un vasto territorio. Come abbiamo visto, il metodo di orientamento piú chiaro (e cosí a lungo elaboratosi) per stabilire l'altezza di una nota è l'uso di un gruppo di cinque linee orizzontali (il rigo). Un primo gruppo è usato per le note dal do₃ (do centrale) in su, un altro gruppo per le note dal do₃ in giú, collocato parallelamente sotto al primo, a breve distanza da esso.

Esempio 6.

Sia le linee, sia gli spazi compresi tra le linee stesse sono usati per fissare le posizioni delle note, ma è evidente che due gruppi di cinque linee e quattro spazi non sono sufficienti per tutte le note. Per superare questa difficoltà, quando è necessario vengono aggiunte alle linee principali alcune brevi *linee supplementari*.

Esempio 7.

Queste linee sono come residui accorciati dei tempi in cui si usavano righi a piú di cinque linee.

Allo scopo di procedere agevolmente attraverso questa mappa musicale è necessario avere un punto di riferimento mediante il quale sia possibile orientarsi: in termini musicali, conoscere quali sono le altezze esatte relative ai nomi delle note. Questa funzione è sostenuta in musica dalle *chiavi*. Vi sono tre tipi di chiavi, la chiave di Sol, la chiave di Fa e la chiave di Do; quelle di Sol e di Fa, normalmente conosciute come chiave di violino e di basso, sono le piú comunemente usate.

Esempio 8.

Dai loro nomi possiamo indovinare che ogni chiave rappresenta una nota musicale. Il centro del segno della chiave di Sol è attraversato dalla seconda linea del rigo; ciò indica che la seconda linea è il posto per il sol$_3$.

Esempio 9.

È semplice calcolare la relazione delle altre note con il sol$_3$.

Esempio 10.

Si noti che il do$_3$ si trova sulla prima linea supplementare e che il sol$_3$ dista una quinta da esso. Vediamo perciò che una volta stabilita una chiave, ogni linea e ogni spazio determinano una nota (e quindi una altezza) ben definita.

Esempio 11.

Chiave di Fa

Il problema di situare le note comprese fra le ottave basse fu risolto in modo simile, ma per fare una distinzione dalla chiave di Sol, si fece uso di un'altra chiave, quella di Fa. Il punto di partenza del suo simbolo, oppure i due punti (sopra e sotto la quarta linea), indicano che nella chiave di Fa la quarta linea del rigo è il posto del Fa. La collocazione delle altre note può essere calcolata in relazione al Fa, con lo stesso procedimento usato per la chiave di Sol.

Esempio 12.

Esempio 13.

La ricomparsa del do₃ sulla prima linea supplementare procedendo dal basso in alto, mostra come queste ottave si congiungano direttamente una coll'altra senza soluzione di continuità.

Esempio 14.   fa   do₃   sol₁
                                    8 = 1

Spesso nella musica per violino, pianoforte o altri strumenti, si rende necessario scrivere note molto alte o molto basse. Ciò implica l'uso di molte linee supplementari, faticose per l'occhio. La soluzione di questa difficoltà consiste nello scrivere le note all'ottava piú bassa (o piú alta), aggiungendo il segno *8va*, sopra o sotto le note stesse che verranno cosí eseguite un'ottava piú alta o piú bassa.

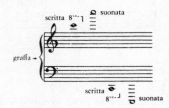

Esempio 15.

Scrivendo per pianoforte, cosí come per altri strumenti o voci ove piú parti procedono assieme, la simultaneità è posta in rilievo da una *graffa*.

Chiavi di Do

A cominciare da circa la metà del secolo XVIII, l'uso delle chiavi di Do andò lentamente diminuendo, ma due di esse sono ancora frequentemente usate nella musica vocale e strumentale: si chiamano chiave di contralto e chiave di tenore. Quando si è capito il principio delle chiavi di Sol e di Fa, l'uso di queste due chiavi di Do non pre-

senta nuove difficoltà. Il centro della chiave di contralto è
sulla terza linea, mentre il centro della chiave di tenore è
sulla quarta linea del rigo.

Esempio 16.

Entrambe indicano la posizione del do₃. L'esempio 17
mostra le due chiavi di Do messe in relazione con le chiavi di Sol e di Fa.

Esempio 17.

La ragione per cui si usano le chiavi di Do è che con esse è possibile, spesso, evitare l'uso di troppe linee supplementari.

Esempio 18.

Durata dei suoni

La musica si svolge nel tempo, e i musicisti devono or-
ganizzarla non solo in termini di altezza ma anche di *durata*. Essi devono scegliere se i suoni che usano saranno piú
corti o piú lunghi, secondo l'intento artistico cui devono
servire.

Noi abbiamo già visto che per rappresentare un suono,
a parte la sua nomenclatura, noi usiamo un piccolo segno
ovale che chiamiamo *nota* (cfr. p. 30). Vi sono due modi
di scrivere le note, bianche e nere (senza nessun riferimento ai *tasti* bianchi e neri del pianoforte).

Esempio 19.   nota bianca   nota nera

La funzione delle note è duplice. Indicatrici dell'altezza, esse servono ancora come segni di lunghezza, o durata, di un suono. Come? È una semplice questione di progressione geometrica.

Al giorno d'oggi la nota piú lunga nell'uso comune è la *semibreve*, che serve come unità di misura di lunghezza. Essa è divisibile in 2 minime, 4 semiminime, 8 crome, 16 semicrome, 32 biscrome e 64 semibiscrome. (Una ulteriore suddivisione, in teoria, è possibile, ma l'uso musicale della frazione 1/128 è cosí eccezionale che si tratta solo di una curiosità. Un esempio, tuttavia, si può vedere nel secondo movimento della *Sonata per pianoforte* op. 81 di Beethoven). Tutte queste note sono differenziate dall'uso di *aste* e *tagli* congiunti alle note nere e bianche. Ecco il loro aspetto:

o	= semibreve	♪	= semicroma
♩	= minima	♫	= biscroma
♩	= semiminima	♫	= semibiscroma
♪	= croma		

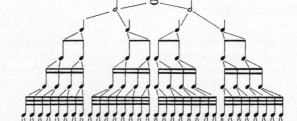

Esempio 20 (mostra come sono divisibili le durate dei suoni).

Qualcuno può trovare in alcune partiture una nota piú lunga della semibreve; si tratta della breve (|ο|), che, come suggerisce il nome, è di durata doppia della semibreve.

Quando piú note con tagli ricorrono assieme, si usa riunire le loro aste cosí:

Esempio 21.

Si rende necessario a questo punto aprire una breve parentesi per mostrare come le note devono essere scritte sul rigo. Il principio fondamentale è quello di usare una scrittura piú chiara possibile per la lettura, e di raggruppare le note in modo che rappresentino sempre una unità riconoscibile. Per cui l'esempio 22a non è buono poiché non è chiaro se la nota è sulla terza linea o nello spazio fra la seconda e terza linea. L'esempio 22b è corretto.

Esempio 22.

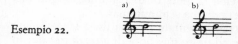

Convenzionalmente l'asta di una nota si scrive rivolta verso l'alto quando la nota si trova dalla terza linea in giú, e rivolta verso il basso quando si trova dalla terza linea in su.

Esempio 23.

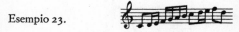

Tuttavia se piú note di breve durata sono raggruppate insieme, le aste andranno unite una all'altra senza badare se alcune delle note sono sopra o sotto le linee centrali.

Esempio 24.

Nel caso di musica dedicata al canto, ove appaiono e suoni e parole, la pratica generale è di scrivere una nota separata per ciascuna nuova sillaba.

Punti, legature e corone

Il prolungamento della durata di una nota si indica con l'uso di uno o piú punti, di una legatura o della corona. Un *punto* posto dopo la testa di una nota significa un aumento di durata esattamente corrispondente alla metà del valore della nota stessa. Cioè:

Esempio 25.

Nel caso di due punti, il secondo punto aggiunge la metà del valore del primo punto. In tal modo una minima seguita da due punti, avrà la durata di una minima – piú una semiminima (cioè la metà di una minima) – piú una croma (cioè la metà di una semiminima).

Una *legatura* (rappresentata da una linea leggermente curvata ⌢) serve ad unire due note di *altezza uguale*; in tal modo il suono della prima nota verrà prolungato secondo la durata espressa dalla nota unita. È per ragioni di chiarezza che è spesso preferibile usare la legatura fra due note anziché i punti. (Cfr. l'esempio 45 c).

Esempio 26.

Il punto coronato (o *corona*) si presenta cosí: ⌢ e quando appare significa che la durata della nota sopra cui si trova deve essere prolungata. Le note con punti coronati vengono di solito prolungate per il doppio della durata normale, ma possono esserlo per piú o meno tempo secondo il gusto dell'esecutore. Il punto coronato spesso appare alla fine di una composizione.

Esempio 27.

Pause

Parlando possiamo talvolta rendere efficace il nostro pensiero piú col servirci di un breve silenzio al momento giusto, che con l'uso di un maggior numero di parole o frasi; in ogni caso il tempo ci è indispensabile per prendere respiro e riflettere prima di procedere. In musica, tali silenzi sono indicati da un segno chiamato *pausa*. Il principio delle pause è semplice: ogni tipo di nota ha la propria pausa corrispondente di identico valore di durata.

Breve =		Croma =	
Semibreve =		Semicroma =	
Minima =		Biscroma =	
Semiminima =		Semibiscroma =	

Esempio 28.

Si faccia attenzione che la pausa di semibreve *pende* giú dalla quarta linea, mentre la pausa di minima *poggia* sulla terza linea. Le pause possono essere seguite da un punto o sovrastate da un punto coronato, allo stesso modo delle note, non mai collegate da una legatura.

L'osservazione della natura ci suggerisce con la massima evidenza la presenza del ritmo nell'universo. L'alternanza del giorno e della notte, le onde marine che continuamente si succedono, i battiti del nostro cuore, il nostro respiro, fanno capire che il ritmo è qualcosa di fortemente connesso al movimento che si ripresenta regolarmente nel tempo. Questo effetto pulsante può essere avvertito anche nel nostro discorso quotidiano, ma è soprattutto nella composizione poetica, ove parole e sillabe sono piú o meno strettamente raggruppate secondo un ordine, che noi possiamo piú propriamente renderci conto di questo fatto. Ecco qui il primo verso dell'*Orlando furioso*:

> Le dōnne, i cavalliēr, l'ārme, gli amōri...

I tratti indicano il punto in cui la pulsazione ha i suoi accenti principali.

In musica, ove il ritmo è probabilmente pervenuto alla sua piú alta e cosciente sistemazione, questa regolare pulsazione, o *battito*, si presenta in gruppi binari (a 2 battiti) o ternari (a 3 battiti), oppure in combinazioni ottenute dalla loro unione. Il primo battito di ogni gruppo è accentuato [1]; l'unità metrica compresa fra due *battiti successivi accentati* è chiamata *battuta*. Per far risaltare questa unità nello scrivere la musica, si usano linee verticali tracciate attraverso il rigo di fronte a ciascun battito accentato. Il nome di queste linee è *stanghette*. La fine di un pezzo musicale (o di una sezione all'interno di esso) è indicata da una *doppia stanghetta*.

---

[1] Prende spesso il nome di *tempo forte*.

Esempio 29.

Misura a due tempi

Se i battiti sono raggruppati a due a due, con un batti-to forte alternato a un battito debole, abbiamo battute a due battiti. Ciò è indicato da una cifra scritta dopo la chia-ve, fra la quinta e la terza linea del rigo (cfr. es. 30a).

Ora, per indicare quale tipo di nota deve servire come unità di misura nella battuta, si scrive una seconda cifra sotto la prima. Nell'esempio 30b il 4 indica un quarto di nota [1], cioè una semiminima.

Esempio 30.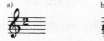

Le due cifre, espresse in forma di frazione, rappresenta-no la *misura del tempo* indicando la specie di battuta. L'e-sempio 31 dà le piú comuni fra le misure a due tempi.

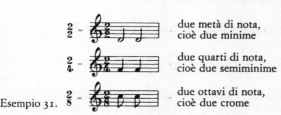

Esempio 31.

due metà di nota, cioè due minime

due quarti di nota, cioè due semiminime

due ottavi di nota, cioè due crome

L'esempio 32 presenta un caso famoso di misura a due tempi usata da Beethoven.

 ecc.

Esempio 32.   Beethoven, *Settima Sinfonia*, II movimento.

[1] [Un quarto cioè di semibreve, unità di misura del nostro sistema mu-sicale (cfr. es. 20)].

Misura a tre tempi

Quando i battiti sono raggruppati a tre, cioè un battito forte seguito da due relativamente piú deboli entro una battuta, abbiamo una misura a tre tempi.

Esempio 33.

Il valzer è, come tutti sanno, in misura di tre tempi, e attraverso i secoli questa misura è stata spesso usata per musiche di danza, per il minuetto, ad esempio.

Esempio 34.   Haydn, *Sinfonia* n. 97 in Do maggiore.

Misura a quattro tempi

La misura a quattro tempi può essere definita come u-
na misura a due tempi raddoppiata. In una misura a quattro tempi vi sono due gruppi di due battiti, con un accento secondario sul terzo battito.

Esempio 35.

Ecco le misure a quattro tempi, e rispettivi simboli, di uso piú frequente.

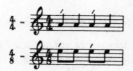

Esempio 36.

Si trova spesso il segno C al posto del 4/4, detto anche «tempo comune». Tale C, si badi, non è una abbreviazione per «comune», ma è un residuo grafico del periodo in cui la misura a tre tempi era considerata misura «perfetta», a causa della sua analogia con la Santissima Trinità, e veniva simbolizzata mediante un cerchio; per contro la misura a quattro tempi era considerata «imperfetta», e quindi simbolizzata mediante un cerchio incompleto.

Esempio 37.

Le prime quattro battute del noto corale di Bach, *Herzlich tut mich verlangen* dànno un ottimo esempio di misura a quattro tempi. Si osservino l'indicazione della misura, i punti coronati e il segno indicante la ripetizione del passo.

Esempio 38.   1+3 = 4/4 o C

L'esempio riportato illustra ancora il seguente principio: se la battuta di apertura di un pezzo è incompleta, l'ultima battuta dovrà supplire il valore di durata mancante, o viceversa, in modo da completare simmetricamente il tutto. Nel nostro esempio il «levare»[1] iniziale completa il valore di durata dell'ultima battuta.

---

[1] [Piú propriamente *anacrusi* o *nota protetica* (oppure, se si tratta di piú note, *note protetiche*): è la nota che precede l'accento forte di una proposizione musicale (*kolon*) alla cui struttura sintattica l'*anacrusi* appartiene strettamente, collocandosi solo metricamente nella battuta che precede la frase musicale stessa].

Misure composte e irregolari

Le misure descritte sopra vengono tutte dette «semplici». Se il «numeratore» di una frazione indicante una misura semplice viene moltiplicato per tre, si ottiene una misura «composta». Per esempio, 2/4 diventa 6/4. Ciò significa che ogni metà di battuta viene divisa in tre parti uguali.

Esempio 39 (notare la chiave di contralto).

I tipi piú comuni di misure a due tempi composte sono:

$$\frac{6}{4}$$ = cfr. es. 39

$$\frac{6}{8}$$ =

$$\frac{6}{16}$$ =

Esempio 40 (notare la chiave di tenore).

Si veda nell'esempio 41 una nota melodia in misura a due tempi composta.

Mal - brough s'en va - t - en   guer - re   Miron - ton ton ton miron - tai - ne

Esempio 41.   Melodia popolare del secolo XV.

A seconda degli accenti in cui si vuole suddividerla, la misura di 12/8 può essere considerata sia una misura composta a due tempi, sia una misura composta a quattro tempi. L'esempio 42 illustra come.

Esempio 42.

L'apertura della *Passione secondo san Matteo* di Bach è una delle piú nobili melodie in misura composta a quattro tempi che siano mai state scritte.

Le misure composte a tre tempi piú comuni sono:

Esempio 43.

Si ha una misura irregolare quando i battiti all'interno di una battuta sono cinque o sette. Ciò è ottenibile combinando assieme misure a due e a tre tempi, ad esempio 3 + 2 = 5, oppure 2 + 3 = 5; 4 + 3 = 7, oppure 3 + 4 = 7, oppure 2 + 3 + 2 = 7. In ogni caso gli accenti principali interni alla battuta mutano secondo le combinazioni usate. Questi modelli appaiono spontaneamente nella musica popolare dell'Asia e dell'Europa centrale e orientale, ad esempio in Bulgaria, Ungheria e in Russia; nella musica moderna, soprattutto nelle opere di Stravinsky e Bartók, se ne possono trovare in quantità. Le frazioni aritmetiche indicanti le misure di tipo piú comune sono:

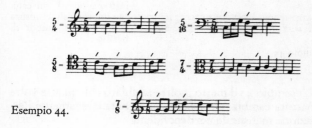

Esempio 44.

Altri aspetti dell'elemento ritmico

Naturalmente nessun compositore si accontenta di scriver musica secondo gruppi di note perfettamente regolari, dai battiti inesorabilmente uniformi; come nella poesia, è di grande importanza giocare sulle *variazioni* di po-

sizione degli accenti tonici. L'uso delle misure irregolari
appena descritte è uno dei modi per introdurre varietà.
Un altro accorgimento, di gran lunga piú comune, è la *sincope*, che appare nella musica di ogni tipo. Sincope vuol
dire spostamento voluto del normale accento principale,
ciò che si ottiene accentuando il battito debole al posto di
quello forte; l'effetto è di tensione, di eccitamento. Nella
musica «d'arte» europea la sincope fa il suo primo ingresso all'epoca della «Ars nova» francese, e da allora in poi
ebbe un ruolo costante, sia nella musica «seria» sia in
quella «leggera». Oggi l'aspetto dionisiaco della sincope
è messo in luce da tutti i tipi di musica jazz.

I quattro modi piú comuni per dare origine ad una sincope sono:

a) – accentuazione dei battiti deboli

b) – uso di pause al posto di battiti forti

c) – uso di legature al posto dei battiti forti

d) – introduzione di un cambio improvviso di misura
del tempo e quindi di
battito

Esempio 45.

L'esempio 45 d mette inoltre in chiaro che quante volte
la battuta cambia, altrettante va segnata esattamente l'indicazione mensurale corrispondente.

All'interno di battiti regolari accade spesso che vi siano *aggruppamenti irregolari di note*. I nomi dei gruppi
piú frequentemente usati sono: duina, terzina, quartina,
quintina, sestina e eptina. Essi sono sempre indicati da
un numero scritto sopra o sotto il gruppo di note, ad e-

sempio ♪♪♪♪♪ = quintina; spesso, per maggior chiarezza,

è aggiunto un archetto: ♪♪♪♪♪

Per suonare o cantare questi gruppi è opportuno dividerli esattamente in proporzione al battito fondamentale.

Esempio 46.

Ornamenti

In musica, come nelle arti della figura, un ornamento è qualcosa che viene aggiunto a scopo decorativo al corpo principale dell'opera. La sua apparizione piú spontanea si può coglierla fra il popolo di ogni nazione, che spesso ama ornare il suo canto con l'aggiunta di note estranee conosciute col nome di melismi. Esso fa ciò istintivamente, improvvisando. Nella musica d'arte le varie note ornamentali sono composte coscientemente e chiaramente indicate nella notazione. Gli ornamenti musicali di impiego piú comune sono l'appoggiatura, l'acciaccatura, il mordente (superiore e inferiore), il gruppetto e il trillo. L'esempio 47 mostra come si scrivono e come devono essere eseguiti.

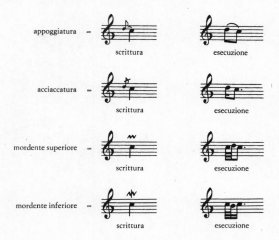

appoggiatura =   scrittura   esecuzione

acciaccatura =   scrittura   esecuzione

mordente superiore =   scrittura   esecuzione

mordente inferiore =   scrittura   esecuzione

Esempio 47.

Tempo

Il ritmo e il tempo assieme uniti sono la vita, il carattere della musica, si può dire, il suo sistema nervoso; la loro unione determina l'*umore* di una composizione.

Tempo è una parola usata per comprendere tutte le variazioni di *velocità*, dalle musiche lentissime a quelle velocissime. Scrivendo la musica, le indicazioni di tempo vengono registrate sopra il rigo, di solito in lingua italiana. Le piú comuni sono:

grave	*moderato*
lento	*allegretto*
largo	*allegro*
larghetto	*vivace*
adagio	*presto*
andante	*prestissimo*

L'indicazione *alla breve*, talvolta espressa dal segno ₵, è solo un altro modo di scrittura per 2/2.

Vi sono poi molti altri termini e locuzioni usati per designare i tempi in modo piú preciso. Qui possiamo solo citarne alcuni fra i piú comuni: *giusto, assai, molto, con moto, sostenuto, ma non troppo, con fuoco.*

Dall'epoca di Beethoven, molti compositori per indicare esattamente i tempi dànno anche l'indicazione metronometrica, e non mancano quelli che si ritengono soddisfatti segnando solo la velocità relativa al *metronomo*. (Il metronomo è uno strumento meccanico pendolare che misura il numero dei battiti al minuto, a qualunque velocità data). Stravinsky, ad esempio, definisce il primo mo-

vimento della sua *Sinfonia in tre movimenti* semplicemente $\downarrow = 160$ (cioè 160 seminime al minuto).

Anche le variazioni di tempo vengono segnate in lingua italiana; come, ad esempio, *piú allegro, meno mos-
so, accelerando, stringendo, rallentando, ritenuto, rubato*.
L'indicazione per riprendere il tempo d'inizio o principale del pezzo è *tempo primo* (oppure *tempo I*, o *a tempo*).

Indicazioni dinamiche

Abbiamo già visto che l'intensità del suono dipende dall'ampiezza delle vibrazioni. Ne consegue che quanto più forte è la sollecitazione impressa al corpo vibrante tanto più è forte il suono, e viceversa. Se premiamo la tastiera di un pianoforte, produciamo suoni che saranno più o meno forti secondo il vigore che vorremo usare. La nostra energia è trasmessa dal sensibile apparato della tastiera alle corde produttrici del suono. L'ambito fra i suoni più deboli e quelli più forti è suddiviso in vari gradi di volume: questi gradi sono indicati dai *segni dinamici*.

fff = più che fortissimo
ff = fortissimo
f = forte
mf = mezzo forte
mp = mezzo piano
p = piano
pp = pianissimo
ppp = più che pianissimo

Questi segni vengono di solito scritti sotto il rigo, indicando con quale intensità le note debbono essere suonate.

Esempio 48 (Beethoven).

In una composizione musicale, il passaggio da un grado dinamico ad un altro può essere o improvviso o graduale. Un cambiamento dinamico improvviso lo si ottiene scrivendo il segno sopra le note proprio quando si vuole avere il cambiamento. Allo scopo, alcuni segni dinamici possono essere combinati assieme, ad esempio *fp*, che vuol dire *forte* seguito improvvisamente da *piano*. Viene pure usato il termine italiano *subito* (*sub.*) e, sempre per indicare un cambio di intensità sonora, si ricorre a *più* e *meno*: ad esempio *più forte*, *meno piano*. Il passaggio graduale da un grado dinamico ad un altro è di solito indicato da un segno a forma di forcella. Ma lo si può esprimere anche a parole: ad esempio, *crescendo* (*cresc.*)━━━◀; *decrescendo* o *diminuendo* (*decresc.*, *dimin.*, o *dim.*) ▶━━━; *morendo* o *smorzando*.

Altri segni «d'espressione»

Vi sono molti altri segni usati per indicare effetti particolari. I più frequentemente usati sono: 𝄒̂ che vuol dire *sforzando*, o *sforzato* (*sf*, *sfz*), cioè rinforzando il suono con un accento marcato; 𝄒 che vuol dire *staccato*, cioè suono breve, come pizzicato; 𝄒̇ che indica *staccatissimo*; 𝄒̄ che indica suono *tenuto*, e vuol dire che la nota deve essere tenuta o sostenuta per tutta l'esatta durata del suo valore e, in più, leggermente accentuata; questi segni sono posti sopra o sotto il capo di ciascuna nota cui si riferiscono. L'archetto: ⌒ lega da sopra o da sotto due o più note, non necessariamente alla stessa altezza, e indica che esse vanno eseguite come un tutto unico, con levigatezza; ciò che appunto viene espresso dal termine italiano *legato*. Talvolta le maniere di esecuzione vengono suggerite da un avverbio, come *cantabile*, *sostenuto*, *dolce*, *giocoso*, *maestoso*, *grazioso*, *animato*.

Abbiamo visto rapidamente di cosa è fatta la musica nel suo aspetto fisico, e come i suoni vengono trasmessi con la scrittura. Dobbiamo ora guardare piú attentamente al materiale della musica, e renderci conto con piú esattezza della relazione che stringe fra loro le varie note all'interno dell'ottava: ciò equivale ad esaminare le particolari caratteristiche del sistema musicale europeo.

Toni e semitoni

Osserviamo la tastiera del pianoforte: essa ha due tipi di tasti, neri e bianchi. Abbiamo visto che un'ottava suonata sui tasti bianchi, per esempio da do₃ a do₄, consiste di otto note in successione contigua, do_3 re_3 mi_3 fa_3 sol_3 la_3 si_3 e do_4. Suonando queste note, abbiamo escluso i tasti neri. Ora, se suoniamo di nuovo la stessa ottava, ma questa volta includendo anche i tasti neri, noteremo che alcuni tasti bianchi sono separati gli uni dagli altri da un tasto nero, mentre altri non lo sono. Ciò dimostra che pur fra tasti bianchi adiacenti vi sono distanze piú o meno grandi. Gli intervalli piú grandi sono chiamati *toni interi* (o semplicemente *toni*), quelli piú piccoli *semitoni*.

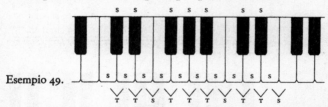

Esempio 49.

Nel sistema convenzionale della musica occidentale, l'intervallo piú piccolo in uso è il semitono. Esso può essere individuato sulla tastiera del pianoforte procedendo, sia verso l'alto sia verso il basso, da una nota qualsiasi a quella *immediatamente* adiacente ad essa.

Esempio 50.

Bemolli, diesis e bequadri

I segni usati per indicare che una nota deve essere in-
nalzata o abbassata di un semitono sono chiamati *diesis* e
bemolli. Ecco il loro simbolo: ♯ (diesis), ♭ (bemolle); essi
vengono segnati direttamente *di fronte* alla nota che viene alterata. Perciò Do con un diesis di fronte diventa Do
diesis, Re con un diesis, Re diesis, e cosí via; allo stesso
modo, La con un bemolle di fronte diventa La bemolle, Si
con un bemolle, Si bemolle, e cosí via.

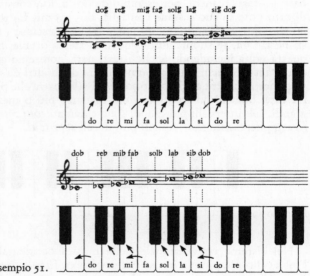

Esempio 51.

Talvolta è necessario innalzare o abbassare una nota non
di uno ma di due semitoni (cioè di un tono intero). In tal
caso vengono applicati i segni chiamati doppio diesis (♯♯
o ✗), e doppio bemolle (♭♭) (cfr. es. 52).

Per riportare una nota diesizzata o bemollizzata alla sua
altezza d'origine, ad esempio un Fa♯ al Fa, si fa uso del *bequadro* (♮) (cfr. es. 53).

Esempio 52.

Esempio 53.

Scale

Abbiamo già visto che la distanza, ad esempio, da do₃ a do₄ o da re₃ a re₄ produce un intervallo di ottava. Una scala è semplicemente una serie di note, ordinate in progressione sia verso l'alto sia verso il basso, con inizio da una nota qualsiasi fino a raggiungere la relativa ottava. Il termine «scala» proviene dalla lingua latina ed è chiara l'analogia fra le note musicali (o «gradi» di una scala musicale) e gli scalini o «gradini» della comune scala di un edificio. Le scale musicali usate sono piú d'una, ad esempio la scala *pentafonica* (di cinque note), la *sa-grama*[1] indú, la scala araba a *17 toni*, la scala a *toni interi* ecc. La scala basilare del sistema musicale europeo è la *scala diatonica*, formata di toni e semitoni all'interno di un intervallo di ottava.

L'origine del sistema europeo di scale può essere fatto risalire ai Greci, i quali diedero alle scale nomi diversi secondo le diverse popolazioni, ad esempio dorica, frigia, lidia, misolidia. Queste erano le principali scale greche, consistenti in una serie caratteristica di toni e di semitoni in ordine *discendente*.

Esempio 54.

---

[1] [*Grama* = ottava].

Ciascuna di queste scale aveva una «compagna» subordinata, il cui inizio era posto una quinta sotto la prima nota di ciascuna scala. I loro nomi erano gli stessi delle scale principali, ma con l'aggiunta del prefisso *ipo* (che significa «sotto»). Per cui la scala subordinata alla dorica era chiamata ipodorica, quella subordinata alla lidia, ipolidia, e cosí via.

I primi musicisti della cristianità, ovviamente influenzati dai teorici greci, adottarono le loro scale, ma per un fraintendimento tuttora oscuro essi iniziarono i loro *modi* (come chiamarono le scale greche) partendo dalle note Re, Mi, Fa, Sol, e, al contrario dei greci,

Esempio 55.

disposero le note in ordine *ascendente*. Per cui, nel medioevo, la scala greca dorica divenne il modo frigio, la scala frigia divenne il modo dorico e cosí via. Sono questi i cosiddetti *modi autentici*, corrispondenti alle scale greche «principali».

Nella teoria medievale l'equivalente delle scale greche «ipo» erano i *modi plagali*, che iniziano una quarta sotto ogni modo autentico, e per i quali fu ancora adottato il prefisso *ipo*. La caratterizzazione di un modo era data non solo dalla particolare successione di toni e semitoni, ma anche dalla sua nota *finale*, o tonica, corrispondente alla nota piú bassa di ogni modo autentico. Cosí, la finale di una melodia scritta, per esempio, in modo misolidio era Sol; si badi che anche la finale del modo derivato, ipomisolidio, era ancora lo stesso Sol.

Esempio 56.

I modi eolio e ionico, in pratica corrispondenti alle nostre scale minori e maggiori, erano già in uso da tempo prima di essere accettati ufficialmente nel corso del secolo XVI. Molti canti popolari, danze, *rondeau*[1], ecc., furono composti in questi due modi; la Chiesa ne sconsigliò l'uso, forse a causa della loro popolarità e del sapore mondano che vi percepiva. Un famoso esempio della piú antica musica inglese è la rota *Sumer is icumen in*[2]: è in modo ionico, modo disapprovato dalla Chiesa e bollato come *modus lascivus*.

Tuttavia i due modi ionico e eolio furono mantenuti in uso nella pratica musicale e servirono di base alle nostre scale moderne. Forse è questo il momento giusto per mettere in guardia il lettore dall'errore, abbastanza comune, di ritenere che dapprima si formino le scale e solo in un secondo momento appaia la musica. Invece, come scrive Sir Hubert Parry, «le scale si formano nello stesso processo che vede la musica tesa nello sforzo di realizzarsi, e continuano ad alterarsi e modificarsi fino a che l'arte raggiunga un alto grado di maturità». In breve, prima viene il momento creativo, quindi l'elaborazione teorica.

Scale maggiori

Se suoniamo tutti i tasti bianchi di un pianoforte compresi da do₃ a do₄, otteniamo una *scala maggiore*. È chiamata maggiore a causa del suo caratteristico susseguirsi di toni e semitoni.

Esempio 57.

---

[1] [Una delle piú importanti forme della musica francese medievale (il termine latino-medievale era *rondellus*), molto diffusa nella lirica monodica dei trovatori (sec. XIII). Poi italianizzata in rondò (cfr. p. 139) nei secoli XVIII e XIX. Ricca di varianti storiche, conserva la sua legge fondamentale nella periodica ripetizione di una idea principale].

[2] [«Viene l'estate», attribuita, ma senza certezza, a John of Fornsete (circa 1310). *Rota* è termine latino (in inglese *round*), usato nel medioevo per indicare una composizione in cui le voci entrano scalate a distanze prestabilite intonando la stessa melodia che in tal modo passa da una voce all'altra suggerendo l'idea della «ruota». Cfr. *Canone*, p. 112].

Ciò che determina una scala maggiore è il caratteristico intervallo fra il primo e il terzo grado della scala, chiamato *terza maggiore*.

Esempio 58.

Ciascun grado, o nota, di una scala è indicato da un numero romano: I II III IV V VI VII VIII. La prima nota è chiamata *tonica* (o nota che definisce la tonalità), ed è la più importante nota della scala.

Il grado che per importanza viene subito dopo la tonica è il quinto, chiamato *dominante* a causa della sua posizione centrale e del suo ruolo dominante sia sotto l'aspetto armonico sia sotto quello melodico. La *sottodominante* è il quarto grado della scala (si trova una quinta *sotto* la tonica, cosí come la dominante si trova una quinta *sopra* la tonica), e la sua importanza è leggermente inferiore a quella della dominante.

La *sensibile* è il settimo grado della scala, ed ha una funzione importantissima nella musica tonale, quella di «guidare» alla tonica, che si trova un semitono sopra di essa e la attira come una calamita.

La *mediante* è il terzo grado della scala, collocato a mezzo fra la tonica e la dominante. Il sesto grado della scala, detto *sopradominante*, ha parimenti un ruolo intermedio fra la tonica e la sottodominante.

Il secondo grado della scala, posto un tono sopra la tonica, ha il nome di *sopratonica*.

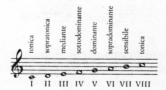

Esempio 59.

Molte persone, una volta o l'altra, avranno fatto l'esperienza di cantare una melodia e accorgersi, arrivati a metà, di averla «attaccata» troppo in alto o troppo in basso, e doverla quindi ricominciare da capo ad una altezza piú comoda; naturalmente, senza che il cambio di altezza influisca sulla melodia in sé. Ciò è possibile per il fatto che la serie degli intervalli relativi costituenti la melodia viene lasciata inalterata. La stessa cosa può essere sperimentata con la scala. Proviamo a costruire una scala maggiore con partenza da Sol, anziché da Do: Sol t La t Si s Do t Re t Mi ?

A questo punto noi avremmo bisogno di un altro tono intero, ma l'intervallo da Mi a Fa è solo un semitono; dobbiamo quindi alterare l'altezza della nota di un semitono: Fa diventa Fa♯, e cosí la scala può essere completata.

Sol t La t Si s Do t Re t Mi t Fa♯ s Sol

Esempio 60.

Paragonando le due scale di Do e Sol, non possiamo fare a meno di notare una certa affinità fra di esse. A rigore di fatti, la sola nota non comune ad entrambe è il Fa. Ma la cosa importante è che esse *differiscono nell'altezza*: la scala di Sol maggiore parte infatti una quinta sopra quella di Do maggiore.

Se ora tentiamo di trovare quale è la scala piú affine a quella di Sol maggiore, ci troveremo di fronte quella di Re maggiore, alla quale occorre solo una nota alterata, il Do che diventa Do♯.

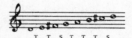

Esempio 61.

Ciò ci conduce a riconoscere un'importante e utilissima legge: che dalla *dominante* di ogni scala può essere costruita una nuova scala, alla quale occorre solo una nota alterata in piú nei confronti della precedente. Questa nota è sempre la sensibile della nuova scala (cfr. es. 62).

Abbiamo già visto che la sottodominante di una scala è il quarto grado procedendo verso l'alto dalla tonica, o il

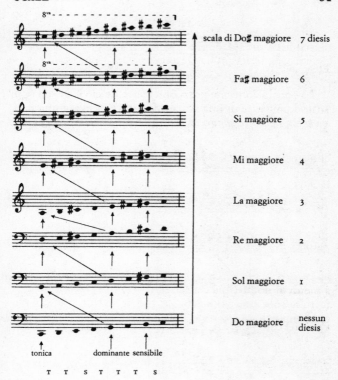

scala di Do♯ maggiore   7 diesis

Fa♯ maggiore   6

Si maggiore   5

Mi maggiore   4

La maggiore   3

Re maggiore   2

Sol maggiore   1

Do maggiore   nessun diesis

tonica   dominante sensibile

T   T   S   T   T   T   S

Esempio 62.

quinto procedendo verso il basso; quindi, se sulla tastiera del pianoforte noi suoniamo cinque note partendo da do₃ e procedendo *verso il basso* sui tasti bianchi, noi giungiamo al Fa che è la sottodominante di Do maggiore. Ora, se suoniamo una scala in partenza da questo Fa il nostro orecchio ci avverte che solo una nota necessita di una alterazione: per il resto tutte le note della scala di Fa maggiore sono le stesse della scala di Do maggiore. Questa nota è la sensibile di Do maggiore, che bemollizzandosi in Sib diventa la *sottodominante* della scala di Fa maggiore (cfr. es. 63).

Esempio 63.

La conclusione che possiamo trarre da ciò è che da ogni sottodominante di una scala può essere ricavata una nuova scala *bemollizzando la sensibile della scala precedente*.

Esempio 64.

Le scale illustrate agli esempi 62 e 64 sono quelle usate nella pratica musicale. Ma in teoria è possibile costruire ulteriori scale sia procedendo da una dominante all'altra sia procedendo da una sottodominante all'altra. Il risultato è affascinante: dopo aver raggiunto dodici diesis e dodici bemolli, le due serie di scale che erano partite da Do si incontrano di nuovo «enarmonicamente»[1] in Do, in modo da produrre un circolo completo; il cosiddetto «circolo delle quinte».

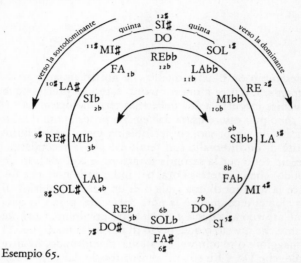

Esempio 65.

Note enarmoniche

Do con un diesis è Do diesis, Re con un bemolle è Re bemolle: sul pianoforte queste due note sono rappresentate dallo stesso tasto nero, e per ciò noi diciamo che esse sono enarmonicamente equivalenti. Una nota enarmonica è proprio come una parola con due pronunce ma un solo significato. Il diagramma del circolo delle quinte mostra che Si♯ e Re♭♭ sono entrambi enarmonicamente equivalenti a Do.

Esempio 66.

------

[1] [Cfr. paragrafo seguente].

L'esempio 65 illustra quello che noi chiamiamo *sistema-tonale*. Occorre a questo punto fare una precisazione per venire incontro a una deficienza terminologica. La parola *tono* può essere usata con eguale proprietà in due significati: in un primo, come abbiamo visto, per definire l'entità di un intervallo (un semitono per la seconda minore, un tono per la seconda maggiore, e cosí via); in un secondo, che ci interessa ora, per indicare la nota che definisce la tonalità di una scala o di un pezzo di musica; il *tono* cioè ci dice quale è la nota *tonica* del pezzo in questione attorno alla quale tutte le altre gravitano. Cosí noi diciamo che questo o quel pezzo di musica sono *in tono di* Do maggiore o re minore, e cosí via, significando, in altre parole, che Do e Re sono il centro tonale del pezzo. Per cui musica *tonale* è musica scritta all'interno del sistema *tonale*, musica che ha un centro tonale. Si badi che la somiglianza fra la tonica e la finale modale [1] è solo superficiale. La maggiore differenza fra il sistema tonale e quello modale è che la tonalità è in rapporto con l'altezza del suono; la modalità è indipendente dall'altezza e dipende esclusivamente da determinate e caratteristiche estensioni di intervalli.

Indicazione della tonalità

Al fine di indicare in quale tono è scritta una composizione, la soluzione piú semplice venuta in uso fu quella di

[1] [Cfr. es. 56 a p. 57].

segnare i necessari *accidenti* (come si chiamano comunemente i diesis e i bemolli) non ogni volta che si incontrano nel corso della composizione, ma di segnarli una volta
per tutte nell'armatura della chiave, fra il simbolo della
chiave e l'indicazione del tempo. Per ciò, in tono, ad e-
sempio, di Re maggiore i Fa♯ e i Do♯ (richiesti dalla tonalità di Re) indicati fra i simboli delle chiavi e le indicazioni del tempo come nell'esempio 67, significano che,
salvo indicazioni contrarie, tutti i Fa e i Do che si incontrano nel corso della pagina vanno considerati diesis.

Esempio 67.

L'esempio 68 fa vedere come i diesis e i bemolli vengono indicati sul rigo in tutte le scale, da Sol maggiore e Fa
maggiore a Do♯ maggiore e Do♭ maggiore.

Esempio 68.

Scale minori

Abbiamo visto che l'intervallo caratteristico che rende-
va una scala maggiore era l'intervallo fra la sua tonica e la
mediante. Intervallo che veniva chiamato terza maggiore,
consistente di due toni interi, ad esempio Do ₜ Re ₜ Mi. La

fisionomia caratteristica di una scala minore è data ancora dall'intervallo fra la tonica e la mediante, intervallo che questa volta è però di un tono piú un semitono, ad esempio La t Si s Do, e si chiama *terza minore*. Suonando una scala sui tasti bianchi del pianoforte partendo da La, otteniamo questa successione di intervalli: T S T T S T T. Successione nota col nome di scala *minore naturale*.

Esempio 69.

L'intervallo fra il settimo e l'ottavo grado di questa scala è di un tono intero e, come sappiamo, la sensibile (VII grado) dovrebbe di norma trovarsi un semitono sotto la tonica. Per cui allo scopo di rendere il VII grado «sensibile» è necessario innalzarlo di un semitono. Cosí facendo otteniamo il caratteristico modello della scala *minore armonica*.

Esempio 70.

Ciascuna scala maggiore ha una scala minore che le fa da *partner*, con l'identica indicazione di tonalità in armatura di chiave: questa nuova scala è costruita sulla sopradominante (VI grado) della scala maggiore, che diventa la *tonica* della *scala minore relativa*. Oppure, se partiamo dalla scala minore: la *mediante* di una scala minore è la *tonica* della sua scala maggiore relativa.

Esempio 71.

L'accidente che indica la sensibile di una scala minore (che, non bisogna dimenticarlo, ha bisogno dell'alterazione del VII grado) è sempre registrato separatamente, *nel corso della pagina*, e non è mai collocato nell'armatura di chiave iniziale. [I nomi delle scale minori sono spesso segnati in lettere minuscole].

mi min.   fa♯ min.   sol♯ min.   la♯ min.
        si min.   do♯ min.   re♯ min.

Esempio 72.

re min.   do min.   sib min.   lab min.
        sol min.   fa min.   mib min.

Questa relazione maggiore-minore mostra che la legge data in rapporto alle scale maggiori [1] si applica anche alle scale minori; anche per rendere chiara la relazione fra le scale minori si può tracciare un circolo delle quinte. L'unica differenza è che la nota di partenza è La, cioè il relativo minore della scala di Do maggiore.

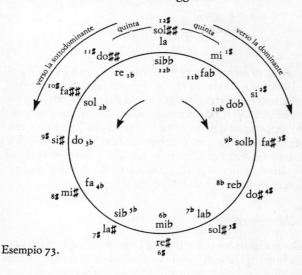

Esempio 73.

―――――――――――――――――――――――――――――

[1] [Cfr. pp. 60 sgg.].

Melodicamente, il salto di un tono e mezzo fra il VI e il
VII grado della scala minore armonica sembra talvolta i-
nelegante. Ma se il sesto grado di una scala minore viene
anch'esso diesizzato, la progressione melodica risulta ap-
pianata.

Esempio 74.

I compositori del XVIII secolo e oltre trovarono che, dal
punto di vista melodico, si otteneva un risultato piú dolce
e soddisfacente per l'orecchio se nella scala ascendente e-
rano diesizzati i gradi VI e VII, e, all'opposto, se gli stessi gradi venivano bemollizzati nella scala discendente.
Questo tipo di scala minore è chiamata *scala minore melodica*. Perciò, tutte le scale minori armoniche possono essere rese «melodiche» diesizzando il VI grado (sopradominante) della scala ascendente e bemollizzando sia il VII
sia il VI grado della scala discendente.

Esempio 75.

Si tenga presente che se una nota diesizzata è resa naturale, l'effetto è lo stesso che se venisse bemollizzata, cosí
come se una nota bemollizzata è resa naturale è come se venisse diesizzata. Il bemolle anteposto al settimo e al sesto
grado della scala discendente è una regola ben lungi dal-
l'essere invariabile nella composizione viva, cosí come
possiamo vedere nel *Concerto per due violini e archi* di
Bach, dove in alcuni passaggi discendenti sesto e settimo
grado non subiscono alterazione alcuna.

Scale cromatiche

Se noi suoniamo tutte le note (comprendendo tutti i tasti sia bianchi sia neri) da do$_3$ a do$_4$ noi otteniamo una scala formata di dodici semitoni. Questa scala si chiama cromatica.

Esempio 76.

Scale cromatiche se ne possono costruire su ogni nota, sia procedendo verso l'acuto, sia verso il grave. Scrivendo una scala cromatica è uso diesizzare le note salendo e bemollizzarle scendendo.

Esempio 77.

Vi sono ancora due tipi di scala che meritano la nostra attenzione dal momento che se ne trova un largo impiego nelle opere della fine del secolo scorso e della nostra epoca: sono la scala pentafonica e quella per toni interi.

Scala pentafonica.

La scala pentafonica (penta = cinque) è formata di cinque note; la si può agevolmente realizzare sul pianoforte suonando soltanto i cinque tasti neri, cominciando da Fa♯, in questo modo: Fa♯ Sol♯ La♯ Do♯ Re♯. Questa scala è una delle piú antiche che si conoscano, comparendo fin dal 2000 a. C. Essa è molto popolare in varie nazioni ove la si trova impiegata in numerosi canti folcloristici. Un celebre esempio di melodia pentafonica è il canto scozzese *Auld Lang Syne* (*Nei bei tempi del passato*).

Scala per toni interi

Si tratta appunto, come suggerisce il nome, di una scala formata esclusivamente di toni interi. Esistono solo due modelli di questo tipo di scala: uno che parte da Do e l'altro da Do♯ (o dal suo equivalente enarmonico Re♭). Qualunque sia la nota di partenza, ogni scala per toni interi corrisponderà ad una di queste due successioni:

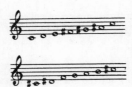

Esempio 78.

Sebbene la scala per toni interi appaia già nelle composizioni di Liszt e di altri romantici, l'uso di essa è strettamente connesso al nome di Debussy. La mancanza di semitoni (e conseguentemente della *sensibile*) conferisce a
questa scala un che di errabondo, di sfumato che serví
molto bene al vocabolario musicale della scuola «impres-
sionista».

Intervalli

Abbiamo già incontrato il termine intervallo, che abbiamo definito come la differenza in altezza fra due note. Parlando della notazione e delle scale ci siamo anche imbattuti spesso in vari esempi di intervalli, quali l'ottava, la quinta, la quarta e la terza. Ora dobbiamo riassumere i vari intervalli ed esaminarli con un po' piú d'attenzione.

Abbiamo visto che ciascun grado di una scala veniva contrassegnato da un numero romano, I II III IV V VI VII VIII, e che la tonica era indicata da I. Gli stessi numeri sono usati per distinguere gli intervalli. La tonica e il suo duplicato formano il primo *pseudo*-intervallo, detto *unisono* (cioè un suono solo). Il termine unisono è anche usato quando due o piú voci o strumenti suonano alla stessa altezza o a un'ottava di distanza. Il prossimo intervallo, fra i gradi I e II è una seconda; fra I e III, una terza; fra I e IV, una quarta e cosí di seguito.

Esempio 79.

Questa è la rudimentale classificazione numerica degli intervalli. Ma come abbiamo visto nel caso delle scale maggiori e minori, una terza può essere maggiore o minore, secondo la disposizione dei toni e dei semitoni che la compongono. Ciò dimostra che oltre alla classificazione numerica di un intervallo vi sono anche classificazioni qualitative. Queste distinguono gli intervalli in cinque categorie: giusti, maggiori, minori, eccedenti e diminuiti.

Intervalli giusti sono l'unisono, la quarta, la quinta e l'ottava. I rimanenti intervalli, la seconda, la terza, la sesta e la settima sono *intervalli maggiori*. Se un intervallo maggiore è abbassato di un semitono si ottiene un *intervallo minore*; cosí Do-Mi è una terza maggiore, ma Do-Mib è una terza minore; Do-Re è una seconda maggiore, ma Do-Reb è una seconda minore, e cosí via. Abbiamo visto che il rapporto fra le frequenze delle due note di ogni ottava è 1:2. Anche i rapporti fra le frequenze di altri intervalli può essere calcolato: per la quinta, 2:3; per la quarta, 3:4; per la terza maggiore, 4:5; per la terza minore, 5:6; per un tono intero (seconda), 8:9, e cosí via. Si noti che gli intervalli giusti hanno come corrispettivi le frazioni piú semplici.

Parleremo di *eccedenza* quando un intervallo giusto o maggiore è innalzato di un semitono. Ad esempio Do-Sol è una quinta giusta, ma Do-Sol♯ è una quinta eccedente. Per contro, qualsiasi intervallo giusto o minore abbassato di un semitono è detto *diminuito*: Do-Sol è una quinta giusta, ma Do-Solb è una quinta diminuita. L'esempio 80 illustra questi intervalli in rapporto a do₃.

Esempio 80.

L'intervallo di quarta eccedente è anche chiamato *tritono*, perché formato di tre toni interi. Nel medioevo esso veniva soprannominato *diabolus in musica*, a causa di un che di sinistro racchiuso nella sua sonorità.

Quando vengono usati intervalli superiori a un'ottava, i loro nomi seguono la logica progressione numerica. Cosí il primo intervallo dopo l'ottava (otto) è la nona, che corrisponde a un'ottava piú una *seconda*.

decima   = ottava piú una terza
undicesima = ottava piú una quarta
dodicesima = ottava piú una quinta
tredicesima = ottava piú una sesta, ecc.

Questi intervalli superiori all'ottava sono di solito chiamati intervalli composti.

Esempio 81.

Inversione degli intervalli

Abbiamo visto che la sottodominante di una scala è indifferentemente una quarta sopra e una quinta sotto la tonica: nella tonalità di Do maggiore, ad esempio, la sottodominante è Fa, che si trova appunto una quarta sopra e una quinta sotto la tonica Do. L'intervallo fra i due Fa è, ovviamente, un'ottava. Questa constatazione ci rende chiaro che un intervallo e la sua inversione si completano a vicenda in un'ottava: una quarta rovesciata diviene una quinta, e viceversa una quinta rovesciata diviene una quarta, e una quinta e una quarta assieme dànno per risultato una ottava. In conseguenza di ciò, quando si rovescia un intervallo: o la nota piú bassa viene trasportata un'ottava piú in alto o la nota piú alta viene trasportata un'ottava piú in basso.

Esempio 82.

Ecco un prospetto dell'inversione degli intervalli:

1) l'unisono rovesciato diventa ottava, l'ottava diventa unisono

2) la seconda diventa settima, la settima diventa seconda

3) la terza diventa sesta, la sesta diventa terza

4) la quarta diventa quinta, la quinta diventa quarta

5) la quinta diventa quarta, la quarta diventa quinta

6) la sesta diventa terza, la terza diventa sesta

7) la settima diventa seconda, la seconda diventa settima

8) l'ottava diventa unisono, l'unisono diventa ottava

Per amore di chiarezza, tutti gli esempi proposti in questa discussione sugli intervalli e le loro inversioni sono stati dati in Do maggiore, ma naturalmente le stesse relazioni si possono trovare in tutte le tonalità.

Siamo cosí arrivati alla fine della nostra discussione sui «rudimenti» dell'arte musicale, indispensabili per ogni ulteriore progresso nel campo. Esamineremo ora alcuni dei tanti modi in cui i compositori hanno combinato assieme i suoni musicali.

Parte seconda

Armonia e contrappunto

Se il mondo intero potesse solo
sentire la forza dell'armonia...

MOZART

I tre elementi fondamentali della musica, e la sua evoluzione storica lo mette in risalto, sono il ritmo, la melodia, e l'armonia. Abbiamo già visto nella prima parte, fra l'altro, il significato, l'organizzazione e la notazione del ritmo. Ora, prima di parlare dell'armonia, dobbiamo esaminare brevemente il secondo elemento, la melodia.

Melodia

In senso fisico la melodia non è nient'altro che una successione di suoni. Quindi, prendendo alla lettera questa affermazione, anche una scala può essere definita una melodia. Ma la melodia è naturalmente molto di piú; questo «piú» è il soffio che dà vita e coerenza ad una successione di suoni. Una scala di per sé non costituisce una melodia, ma semplicemente un'ossatura. È la qualità di tensione interna fra le note della scala che fa una melodia.

La melodia è suscettibile di infinite variazioni, e perciò è impossibile descriverne compiutamente le caratteristiche. Ciò nonostante è possibile fare una distinzione di carattere generale fra tre tipi di melodie. Il primo è caratterizzato da un progredire per gradi congiunti, come avviene nel tema dell'ultimo tempo della *Nona Sinfonia* di Beethoven.

Esempio 83.

Il secondo tipo presenta salti piú ampi, in genere di terza, quarta e quinta.

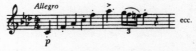

Esempio 84.   Beethoven, *Sonata per pianoforte* op. 2, n. 1.

Il terzo può essere definitivo come una combinazione dei primi due tipi.

Esempio 85.   Beethoven, *Sinfonia «Pastorale»*.

Un più attento esame di questi esempi suggerisce un'altra importante caratteristica della melodia, e cioè il suo aspetto equilibrante; in una melodia, in altre parole, tensione e rilassamento devono succedersi nella giusta proporzione. Un'analisi della struttura generale di un buon numero di melodie dimostrerà che una linea melodica ascendente prima o poi è equilibrata da una discendente, e viceversa: questo equilibrio è ciò che rende una melodia scorrevole e naturale. L'apertura della *Sinfonia «Pastorale»*, citata sopra, è un ottimo esempio di questa «naturalezza».

Armonia

Ritmo e melodia uniti (si badi che la melodia non è concepibile separata dal ritmo, – una melodia senza un ritmo risulta informe e senza significato), ebbero una secolare fioritura prima che apparisse l'uso consapevole dell'armonia. C'è ragione di credere che l'*armonia*, cioè la *combinazione simultanea di due o piú suoni*, fosse già in uso prima del ix secolo dell'era volgare. Ma, in genere, si è d'accordo nel far risalire l'inizio della musica a piú voci all'epoca dei primi testi in cui appaiono quarte e quinte parallele, appunto verso il ix secolo. L'armonia, al contrario della melodia che si costruisce orizzontalmente, ha struttura verticale.

Abbiamo già visto [1] che sopra una nota considerata come fondamentale sono altre note, chiamate armonici, che risuonano contemporaneamente ad essa. Un buon orecchio riesce a percepire appena i primi tre o quattro armonici; essi sono l'ottava, la quinta, l'ottava seguente e la terza a questa successiva, tutti disposti verticalmente sopra la nota fondamentale. Questo fenomeno ci fornisce la prima testimonianza della presenza dell'armonia in natura e, di fatto, su di essa si è istintivamente costruito il nostro sistema armonico.

Esempio 86.

[1] [Cfr. pp. 21-22].

Cantare all'unisono o a un'ottava di distanza è un metodo naturale (ottave parallele ricorrono automaticamente quando un uomo ed una donna cantano la stessa melodia), ma la grande scoperta fu nel rendere possibile il canto simultaneo anche ad intervalli diversi dall'ottava. Questo fatto fu discusso in un'opera del x secolo, chiamata
Musica Enchiriadis [1] in cui, probabilmente per la prima
volta, fu esaminato l'uso pratico di una melodia duplicata
in quarte e quinte parallele. Questi due intervalli coinci-
devano spontaneamente con la serie naturale degli armonici. In essa, come si vede dall'esempio 85, entrambi gli
intervalli hanno un ruolo fondamentale.

La tecnica di raddoppiare una melodia esattamente ad
una quarta o ad una quinta fu detta *organum*, nome che,
come si vede, non ha alcun rapporto con lo strumento o-
monimo; il suo aspetto era questo:

Esempio 87.   oppure

Il successivo passo avanti fu la distribuzione delle voci
in quattro parti che si ottenne raddoppiando sia la melodia originaria chiamata *vox principalis*, sia quella ad essa
parallela detta *vox organalis*.

Esempio 88.

vox organalis
vox principalis

In seguito, verso la metà del xv secolo, la terza (che in
realtà è il quinto suono della serie degli armonici) fu pienamente accettata nella prassi musicale, e combinata con
la quinta, in modo da formare una *triade*.

La triade è la combinazione simultanea di tre suoni:
essa ha origine da qualsiasi nota sopra cui si aggiungono
rispettivamente la terza e la quinta.

---

[1] [Dal greco *encheiridion* (manuale); l'opera è attribuita convenzionalmente al monaco Ubaldo (circa 840-930)].

Esempio 89.

Questa triade è l'elemento fondamentale dell'armonia occidentale, e costituisce la pietra angolare della teoria musicale all'incirca del xv secolo sino a Schoenberg. Ma prima di esaminare l'uso dell'armonia e del contrappunto durante il periodo musicale a tutti noi piú familiare – all'incirca tra il 1700 e il 1900 – bisogna mettere in chiaro un punto importante: non si pensi che il nostro sistema tonale di scale maggiori e minori sia l'apice dell'evoluzione musicale. Nell'arte, un progresso inteso come miglioramento non esiste. La musica che conosciamo meglio, in effetti, non è altro che il prodotto della tecnica e dello stile di poche centinaia d'anni; una musica che esce da questi confini, perché piú antica o perché piú recente, può avere lo stesso valore di qualsiasi composizione scritta, poniamo, nel periodo che va da Bach a Brahms. La *Messa in si minore* di Bach non è *necessariamente* migliore di quella di Machaut [1] o di Stravinsky [2]: è semplicemente diversa.

Dopo l'avvento della triade durante il xv secolo, vi fu un rapido sviluppo della tecnica compositiva che diede una eccezionale fioritura nel secolo seguente, uno dei periodi piú fecondi della storia musicale. La modalità venne lentamente abbandonata e, intorno alla fine del secolo XVII, sostituita dal nuovo sistema tonale di scale maggiori e minori. Da allora fino alla fine del secolo scorso questo «gerarchico» sistema musicale sembrò definitivo e immutabile. Ma non fu cosí, sebbene sia proprio questo il sistema che, alquanto anacronisticamente, viene tuttora insegnato nei conservatori musicali, con la completa esclusione degli altri sistemi. D'altra parte, ciò non avviene senza ragione; un'accurata conoscenza di questo glorioso periodo serve (o dovrebbe servire) a dare un fonda-

---

[1] [Champagne 1300 circa - Reims 1377. La sua Messa, a 4 voci, è il primo esempio a noi noto di una Messa completa di tutte le parti composta da un singolo artista].
[2] [Composta nel 1948].

mento alla nostra valutazione musicale dell'antichità, e, similmente, dell'epoca attuale. Tenendo presente questo concetto, dobbiamo ora dare uno sguardo all'armonia «tradizionale».

Triadi

Due o piú note che risuonano simultaneamente costituiscono un *accordo*. La combinazione verticale di *tre suoni*, nota fondamentale, terza e quinta relative, ci dà un accordo noto come *triade* (cfr. di nuovo l'esempio 89). La nota di base su cui è costruita una triade, si chiama *fondamentale*. Abbiamo visto che una scala veniva definita maggiore o minore secondo la natura del suo terzo grado. Per la triade vale lo stesso principio: la terza sopra la fondamentale può essere maggiore o minore, e pertanto possiamo fare una distinzione fra triadi *maggiori* e *minori*. In entrambi i casi la quinta è invece giusta.

Vi sono altri due tipi di triadi, *eccedenti* e *diminuite*, che troviamo quando l'intervallo tra la fondamentale e la quinta è, appunto, eccedente o diminuito. Le due terze che costituiscono una triade diminuita sono entrambe minori. Quando la fondamentale è nella parte piú bassa, diciamo che la triade è in *posizione fondamentale*.

triade di Do maggiore in posizione fondamentale — triade di do minore in posizione fondamentale — triade diminuita in posizione fondamentale — triade eccedente in posizione fondamentale

Esempio 90.

Si può costruire una triade su tutti i gradi di una scala, in qualsiasi tonalità.

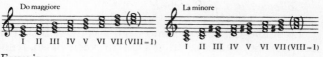

Do maggiore
I II III IV V VI VII (VIII=I)

La minore
I II III IV V VI VII (VIII=I)

Esempio 91.

Un piú attento esame di ciascuna triade mostrerà che in una scala maggiore le triadi costruite sul I, IV e V grado della scala, sono maggiori; quelle sul II, III e VI sono minori, mentre la triade costruita sul VII grado è diminuita. In una scala minore, le triadi sul I e IV grado sono minori, quelle sul V e VI sono maggiori, sul II e VII sono diminuite, e quella sul III eccedente.

Un'ulteriore osservazione delle triadi dimostra ancora che alcune di esse sono in relazione reciproca, relazione dovuta all'avere una o due note in comune. Ad esempio, la triade costruita sulla tonica (I grado) ha due note in comune con la triade sul III grado (mediante) ed una con la triade costruita V grado della scala (dominante). Tali relazioni sono illustrate dall'esempio 92.

Esempio 92.      ecc.

Ma se guardiamo di nuovo la triade sulla tonica e la raffrontiamo con quella sul II grado della scala (sopratonica), ci accorgiamo che esse non sono in stretta relazione reciproca, dal momento che non hanno alcuna nota in comune: sono semplicemente contigue.

Esempio 93.

Possiamo dunque concludere che esistono due tipi di relazioni fra le triadi: 1) relazione dovuta alla comunanza della terza e/o della quinta; 2) relazione tra triadi contigue che non hanno alcuna nota in comune. Questi rapporti hanno grande importanza nella concatenazione degli accordi.

Collegamento degli accordi

Lo studio del collegamento degli accordi si basa, per convenzione, su una scrittura a quattro voci: basso, tenore, contralto e soprano. La ragione di ciò è che con meno di quattro voci non si possono spiegare chiaramente tutte le possibilità armoniche, e con piú di quattro la tecnica si fa eccessivamente complessa, specialmente per una fase iniziale dello studio; inoltre, anche gli accordi piú complicati possono essere ridotti, nella loro essenza, a quattro voci. Come si vede dai nomi delle voci, essi corrispondono ai registri delle voci umane: basso, tenore, contralto e soprano sono infatti le quattro categorie fondamentali della voce umana. Esse coprono complessivamente il seguente ambito:

Esempio 94.

Le estensioni delle singole voci sono le seguenti:

Esempio 95.

soprano   contralto   tenore   basso

Ovviamente, per disporre una triade secondo quattro parti, si deve aggiungere una nota alle tre originarie, cosa che si ottiene molto semplicemente *raddoppiando* una nota della triade. La nota che viene generalmente raddoppiata è la fondamentale, o la quinta. Se possibile, è preferibile evitare il raddoppio della terza, specialmente in una triade maggiore, in quanto che la funzione della fondamentale ne risulterebbe indebolita. Il raddoppio della sensibile (VII grado della scala) è severamente vietato dalla regola scolastica. E ciò per una semplice ragione: la sensibile deve guidare (il termine tecnico è *risolvere*) alla tonica, e perciò se è raddoppiata dovrà necessariamente risultare un moto di ottave parallele. Tale andamento, sebbene fosse una delle forme originarie dell'armonia, fu tra i pochi «vietati» durante il periodo classico; una convenzione, rispettata solo in parte dai compositori, che fu imposta dai trattati scolastici.

Le voci sono disposte sulle linee del rigo in modo che il basso e il tenore risultano sul rigo della chiave di basso, il contralto e il soprano su quello della chiave di violino. Le note del basso e del contralto si segnano con le aste rivolte verso il basso, quelle del tenore e del soprano verso l'alto.

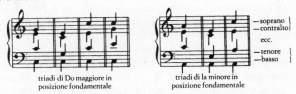

triadi di Do maggiore in   triadi di la minore in
posizione fondamentale   posizione fondamentale

Esempio 96 (notare il raddoppio della nota fondamentale).

L'esempio 96 mostra una distribuzione equilibrata delle parti. Un caso contrario è dato dall'esempio 97. Generalmente si evita, se possibile, di lasciare fra le voci di tenore e contralto, e di contralto e soprano, uno spazio che superi l'ottava, mentre intervalli piú ampi di un'ottava sono di uso comune tra basso e tenore (cfr. esempio 96).

Esempio 97.

Il passaggio da un accordo ad un altro produce ovviamente un cambiamento di armonia; si usa definire tali movimenti di accordi «collegamenti armonici». Sappiamo tutti quant'è importante, discorrendo o scrivendo una lettera, che le idee e i sentimenti siano espressi con le dovute parole coerentemente disposte ed armoniosamente collegate insieme. Quando questa «armonia», questa continuità logica viene a mancare nel discorso o nello scritto di qualcuno, abbiamo l'impressione spiacevole di una mente arruffata ed indisciplinata. La stessa cosa vale per la musica. Una successione di accordi collegati a casaccio non dà una concatenazione armonica soddisfacente. Come nel discorso, per farsi capire, si deve seguire un ordine logico all'interno della frase, cosí nella musica gli accordi sono collegati tra loro secondo «regole» fondate sull'esperienza acustica, estetica e psicologica. I piú comuni collegamenti di accordi nell'armonia tradizionale possono essere elencati cosí:

Grado [1]

I	(tonica)	Può essere seguito da qualsiasi accordo;
II	(sopratonica)	V, III, IV, VI, VII [2]
III	(mediante)	VI, IV, II, V;
IV	(sottodominante)	V, I, VI, II, VII, III;
V	(dominante)	I, VI, III, IV;
VI	(sopradominante)	II, V, IV, III;
VII	(settima o sensibile)	I, VI, III, V.

Le voci di un accordo per collegarsi con un nuovo accordo, possono procedere in tre modi: 1) due o tre parti si muovono nella stessa direzione, per *moto retto*; 2) due parti si muovono in direzioni opposte, dando origine al *moto contrario*; 3) una parte si muove e l'altra resta ferma, procedimento che prende il nome di *moto obliquo*.

Esempio 98.

Fin qui andrebbe tutto bene se non ci fossero alcuni divieti notevolmente vincolanti per chi studia a scuola l'armonia tradizionale. Il piú noto di questi tabú sono le *ottave e le quinte consecutive (o parallele)*. Per circa cinque secoli l'uso delle ottave e quinte parallele fu generalmente ritenuto inaccettabile per un retto gusto musicale.

Esempio 99.

ottave e quinte parallele   un unisono che risolve su un altro unisono, o un'ottava su un'altra ottava, hanno pure effetto parallelo   quinte parallele

[1] [Cfr. es. 91].
[2] [Questo elenco di gradi è da considerare in ordine preferenziale].

Le cosiddette ottave o quinte «nascoste» si hanno quando due parti, saltando per moto retto, raggiungono un'ottava o una quinta. Anche questo collegamento era proibito, ma tale regola non era imposta con la rigidezza della precedente.

Esempio 100.

    ottave nascoste   quinte nascoste

D'altra parte, quando la parte superiore si muoveva per gradi congiunti, il collegamento di ottave e quinte nascoste era tollerato.

Esempio 101.

Siffatti collegamenti «proibiti» non erano sempre e con assolutezza evitati dai compositori; specialmente nella musica sono proprio le eccezioni che confermano le regole, e le composizioni corali di Bach, per non andare oltre, sono piene di concatenazioni che di tali regole nemmeno si curano. Inoltre, lo stile è qualcosa che inevitabilmente muta da un'epoca all'altra e le regole della «grammatica» musicale non differiscono molto da quelle del linguaggio. Cosí come un vero stilista sa quando può usare una costruzione irregolare, un vero musicista sa quando usare una quinta parallela. Ma nell'epoca che va dal secolo XV al XIX, tali regole vennero impresse in mente al fine, se non altro, di evitare la monotonia nella condotta delle parti.

Rivolti

Si può ottenere una piú varia gamma di elementi armonici e melodici, e un piú spontaneo collegamento di accordi, usando il *rivolto* dell'accordo. Ciò significa che invece di servirci di un accordo in posizione fondamentale, in cui cioè la nota piú bassa dell'accordo sia la fondamentale [1], possiamo mutare la disposizione relativa degli intervalli ponendo come nota piú bassa la terza o la quinta, in modo da ottenere una varietà di colori armonici su una sola tavolozza musicale. Ed essendo una triade formata da una nota fondamentale, piú la terza, piú la quinta relative, cosí possiamo dire che una triade è *in posizione fondamentale quando la nota piú bassa è la fondamentale; in primo rivolto quando la nota piú bassa è la terza; in secondo rivolto quando la nota piú bassa è la quinta.*

Esempio 102.

Vi sono due sistemi di abbreviazioni per indicare se un accordo è in posizione fondamentale o in rivolto: *numerico* ed *alfabetico.* Il sistema numerico sarà trattato nel paragrafo dedicato al *basso continuo.* L'esperienza dimostra che agli inizi è piú semplice usare il sistema alfabetico che comporta soltanto l'aggiunta di una lettera minuscola a fianco del numero romano indicante il grado della scala, nella maniera seguente:

Fondamentale [2] I   II   III   IV   V   VI   VII   I.
Primo rivolto   Ib   IIb   IIIb   IVb   Vb   VIb   VIIb   Ib.
Secondo rivolto   Ic   IIc   IIIc   IVc   Vc   VIc   VIIc   Ic.

---

[1] [Cfr. es. 90].
[2] [«a» è sottinteso dal numero romano solo].

Cadenze

Abbiamo già visto [1] che al fine di stabilire una tonalità i piú importanti gradi della scala sono la tonica (I), la dominante (V) e la sottodominante (IV). Lo stesso principio vale nel collegamento degli accordi. Nella musica tonale gli accordi piú importanti sono quelli costruiti sul primo, quinto e quarto grado della scala. Per questo motivo, vengono distinti con l'appellativo di *triadi* (o accordi) *principali*; tutti gli altri accordi vengono classificati come *secondari*. La concatenazione degli accordi principali (ad esempio I IV V I) ha grande importanza in quanto determina la conclusione di una frase musicale. Tali conclusioni si chiamano *cadenze*. Per capirne la funzione, mettiamoci nell'ordine d'idee di paragonare rispettivamente un suono singolo con una lettera, e un accordo con una parola: vedremo che il significato di una cadenza è quello di una specie di punteggiatura musicale. Le quattro cadenze basate sul collegamento degli accordi principali si chiamano perfetta, plagale, evitata ed imperfetta.

La *cadenza perfetta* è il collegamento dal V al I grado (dalla dominante alla tonica) e viene anche detta «cadenza completa», perché, in musica, ha la stessa funzione del punto fermo nella composizione letteraria.

Esempio 103.

[1] [Cfr. p. 59].

La *cadenza plagale* è il collegamento dal IV al I grado (dalla sottodominante alla tonica), e anch'essa è simile al punto fermo, sebbene con una diversa sfumatura. Talvolta la si trova chiamata cadenza dell'«Amen», dato il suo frequente uso in corrispondenza di questa parola nella musica liturgica.

Esempio 104.

La *cadenza evitata* è il collegamento dal V al VI grado (dalla dominante alla sopradominante) anziché al I, in modo da generare un'impressione non conclusiva che si può paragonare ad una virgola, o ad una lineetta. Ovviamente, il suo posto non è alla fine di un pezzo, ma solo nel corso del suo sviluppo. Non è difficile riconoscerla, dal momento che essa «suona» interrotta evitando la conclusione.

Esempio 105.

La *cadenza sospesa*, o «mezza cadenza», è il collegamento da un accordo qualsiasi a quello costruito sul V grado. In pratica, quest'ultimo è generalmente preceduto da uno dei seguenti gradi: II, IV, VI o I. La cadenza imperfetta è una via di mezzo tra la virgola ed il punto e virgola, secondo i casi e il contesto.

Esempio 106.

Quando una cadenza termina su un tempo forte [1] si chiama *maschile*; quando termina su un tempo debole si chiama *femminile* (come nella composizione poetica).

Un'interessante variante armonica si può ottenere concludendo un pezzo scritto in tonalità minore con un accordo maggiore al posto del dovuto minore. La terza dell'accordo, che risulta così modificato, prende il nome di *terza piccarda*, e nessuno sa l'origine di questo termine. Dal XVI secolo circa sino alla metà del XVIII, questo modo di terminare fu di uso assai comune. Il suo effetto impressiona vivamente l'attenzione dell'ascoltatore, ed è come uno spiraglio che illumina improvvisamente un luogo scuro.

Esempio 107.

Le quattro formule di cadenza appena viste possono essere precedute da accordi di vario genere, quali ad esempio di II, IIb o IV grado, ma esiste un accordo, il cosiddetto *accordo cadenzante di quarta e sesta* che va tenuto d'occhio con particolare attenzione. In realtà esso è nient'altro che il secondo rivolto dell'accordo di tonica (Ic), ma la sua caratteristica singolare è che contraddicendo il fatto di essere un accordo di tonica – «funziona» come un accordo dominante. In altre parole, l'orecchio dell'ascoltatore non è soddisfatto finché l'accordo di quarta e sesta non ha raggiunto l'accordo di dominante.

Esempio 108.

Eccoci così al concetto di consonanza e dissonanza.

[1] [Cfr. p. 38].

Il termine consonanza è usato per definire un intervallo o un accordo che produce un effetto di stabilità e soddisfazione – in opposizione a intervallo o accordo dissonante, tale cioè che produce un effetto di tensione. Secondo la teoria di Helmholtz, un intervallo è consonante quando le due note che lo formano hanno in comune uno o piú armonici. Piú armonici esse hanno in comune, piú l'intervallo è consonante.

Esempio 109.

L'esempio 109 mostra quanti armonici in comune abbiano due note formanti un intervallo di ottava. Da questo punto di vista, sono intervalli consonanti l'ottava, la quinta giusta, la quarta, la terza e la sesta; sono invece intervalli dissonanti la seconda, la settima, la nona, ecc. Si applica lo stesso principio per classificare un accordo. Un accordo è consonante quando consiste unicamente di intervalli consonanti (ottava, quinta giusta ecc.) e dissonante quando, al contrario, consiste di uno o piú intervalli dissonanti. È interessante ricordare che il primo teorico medievale che considerò la terza come un intervallo consonante fu un monaco inglese di Evesham chiamato Walter di Odington (vissuto intorno al 1300); il canto per

terze parallele – una specie di organum noto come «gy-
mell» – fu praticato in Inghilterra molto tempo prima che
divenisse di uso comune altrove.

La questione di consonanza e dissonanza, nel suo complesso, è sempre stata dibattuta: l'esatta classificazione di
intervalli e accordi in consonanti o dissonanti, è stata ampiamente fluttuante nel corso della storia musicale. Non-
dimeno una cosa è certa, che dopo un certo tempo, la musica senza dissonanza, come una vita troppo uniforme, diventa insipida e noiosa.

È ciò che Campion aveva in animo, quando scrisse:

> Queste scialbe note che cantiamo
> Hanno bisogno della dissonanza per acquistare grazia.

Settime dominanti e secondarie

Per rendere «aggraziata» una triade si può aggiungere
una nota dissonante alle tre dell'accordo originario. Questa nota è spesso *la settima sopra la fondamentale*, e si indica con un piccolo 7 in cifra araba posto accanto al numero romano indicante il grado della scala. L'esempio
110 presenta l'accordo di settima piú frequentemente u-
sato, la *settima dominante*.

Esempio 110.

Naturalmente la tensione prodotta dalla settima deve
essere presto o tardi allentata, o come dicono i musicisti
«risolta»; ciò comporta il passaggio da un accordo dissonante ad uno consonante. La settima, come nota singola,
ha una forte tendenza a trovare la sua risoluzione scendendo di un grado. Ad esempio, la comune risoluzione
dell'accordo di settima dominante è o sul I o sul VI grado, ed in entrambi i casi la settima stessa risolve scendendo di un grado. Se ci riferiamo alla tonalità di Do maggiore, tale movimento si ha passando dal Fa al Mi.

Si noti che l'accordo di settima dominante può essere
rivoltato allo stesso modo degli accordi principali e secon-

Esempio 111.

dari. L'ultimo, o terzo rivolto (V'd) si ottiene quando la settima è nella parte piú bassa.

Esempio 112.

Le *settime secondarie* sono tutti quegli accordi contenenti una settima che sono costruiti su tutti i gradi della scala che non siano il V (dominante).

Esempio 113.

Anche tutti questi accordi possono essere rivoltati; perciò, come per ogni accordo, si parla di settima secondaria in posizione fondamentale, in primo, secondo, terzo rivolto a seconda di quale nota si trovi nella posizione piú bassa. La regola «classica» per la loro risoluzione è che la settima, come avviene nell'accordo di settima dominante, risolva scendendo di un grado. Ciò si ottiene collegando l'accordo di settima sia ad un accordo consonante sia ad un altro accordo dissonante, tale però, di solito, che la nota fondamentale del nuovo accordo si trovi o una quarta sopra o una quinta sotto la nota fondamentale dell'accordo di settima.

Esempio 114.

Note accessorie o di fioritura

A prima vista la parola «accessorio» può sembrare strana, ma nella teoria musicale essa serve a fare una distinzione tra nota armonicamente determinante (e quindi essenziale) e nota armonicamente non determinante (accessoria). Tali note accessorie hanno tuttavia grande importanza nella costituzione non solo della melodia, ma anche, come vedremo, dell'armonia dando spesso luogo a dissonanze. I tipi di note «accessorie» piú comuni sono: le note di passaggio, le note di volta, l'anticipazione, il ritardo e l'appoggiatura.

La *nota di passaggio* appare fra due note armonicamente determinanti che siano a distanza di terza o di seconda, e la sua funzione è quella di unirle melodicamente. Le note di passaggio ricorrono di solito sul tempo debole della battuta. Possono procedere sole, per terze, per seste parallele, cromaticamente.

Esempio 115.

Le *note di volta* sono una specie di ricamo musicale [1]. Sono di due tipi, superiori o inferiori (secondo se la nota accessoria è piú alta o piú bassa della nota essenziale) e stanno con funzione decorativa tra note armonicamente determinanti di identica altezza. Le note di volta, come quelle di passaggio, possono procedere in terze e seste parallele, e cromaticamente.

Esempio 116.

                              I   Ib   VI
                      note di volta superiori e inferiori

L'anticipazione, come dice il nome stesso, è l'accorgimento di usare una nota che risuoni appena un attimo prima del tempo e del posto che le conviene secondo la logica armonica. Di solito, è di durata piú breve della nota che viene anticipata, e comunemente se ne fa uso in cadenza.

Esempio 117.

                      I   Ib   Ic   V[7]   I

L'esatto contrario dell'anticipazione è *il ritardo*; qui infatti una nota giunge leggermente «in ritardo», o, in altre parole, la sua risoluzione nell'ambito di un collegamento armonico viene dilazionata. Con il ritardo, ancor piú che con le note di passaggio, di volta o anticipate, la dissonanza ha modo di emergere, e compositori di ogni epoca ne hanno fatto uso sempre con intento particolarmente espressivo. Si noti la caratteristica legatura di valore che *ritarda* la nota mentre l'accordo di cui fa parte risolve sul successivo.

[1] [Cfr. il termine parallelo francese *broderie*].

Esempio 118.

I   V

Sotto il punto di vista del ritmo le note accessorie di cui si è parlato finora erano tutte «deboli», cioè esse apparivano sul tempo debole o sulla parte debole della battuta. La caratteristica dell'*appoggiatura* invece è di apparire sul tempo forte della battuta e di risolvere sul tempo debole con uno spostamento di tono o di semitono.

Esempio 119.

I   V'♭   I

È questo il momento di ritornare all'accordo cadenzante di quarta e sesta ($^6_4$). La quarta è sempre stato un intervallo di ambigua natura, nel senso che non si è mai deciso una volta per tutte se considerarlo consonante o dissonante; talvolta sembra consonante, talaltra no. In pratica, quando la quarta si trova direttamente sopra una nota con funzione di basso la si considera dissonante; ed è proprio ciò che determina il movimento di cadenza dell'accordo di quarta e sesta. Infatti, la quarta e la sesta poste sopra una nota che funge da fondamentale suonano come una doppia appoggiatura, che secondo le regole scolastiche va risolta sull'accordo dominante (cfr. ancora l'esempio 108).

Accordi di nona, undicesima, tredicesima; altri accordi particolari

Tutti gli accordi di cui si è parlato finora hanno caratteristiche e funzioni ben riconoscibili, ma vi sono alcuni altri accordi che emergono con un particolare «sapore» nel corso di una armonizzazione. I piú comuni di essi sono la nona, l'undicesima, la tredicesima, la settima diminuita e le seste napoletana, tedesca, italiana e francese.

Gli accordi di *nona*, *undicesima* e *tredicesima* si trovano il piú delle volte sulla dominante (ma si badi che vi sono numerosissimi esempi di accordi di nona costruiti su altri gradi della scala quali il I, il II, o il IV). Come suggerisce lo stesso nome, questi accordi sono determinati da una nota che sia collocata rispettivamente a una nona, un'undicesima o una tredicesima di distanza dalla fondamentale, e concepiti come ampliamenti dell'accordo di settima dominante. Per poter ottenere tale aggiunta in un'armonia a quattro parti si sacrifica la parte meno decisiva sotto il profilo armonico, e cioè la quinta dell'accordo. Perciò la nona dominante consiste della fondamentale, piú la terza, piú la settima, piú la nona; l'undicesima dominante consiste della fondamentale, piú la terza, piú la settima, piú l'undicesima; la tredicesima dominante consiste della fondamentale, piú la terza, piú la settima, piú la tredicesima. Le none, undicesime e tredicesime, essendo un po' simili alle appoggiature, sono note dissonanti, e generalmente si risolvono con movimento discendente. Questi accordi, sebbene spesso usati nella musica «seria», ebbero vastissimo uso nel jazz, tanto che talvolta vengono definiti «accordi jazzistici».

Esempio 120.

Abbiamo già incontrato la triade diminuita come quella che si può costruire sul settimo grado di ogni scala. Ad esempio, in Do maggiore la triade diminuita è Si Re Fa. Ora, se aggiungiamo un'altra nota a questa triade, e precisamente la nota che sta una terza minore sopra il Fa, cioè il Lab, otteniamo un accordo costituito di una catena di terze minori, appunto l'accordo di *settima diminuita*. Si chiama cosí perché in posizione fondamentale l'intervallo fra la nota fondamentale e la nota piú alta (ad esempio, in Do maggiore, fra Si e Lab) è una settima diminuita. La sua funzione è molto simile a quella di un accordo di dominante; la sua naturale risoluzione avviene sull'accordo di settima dominante, oppure, direttamente sull'accordo di tonica. (Per le sue peculiari proprietà e per il suo impiego, vedi piú avanti al capitolo *Modulazione*).

Esempio 121.

L'accordo di *sesta napoletana* è semplicemente il primo rivolto della triade costruita sulla sopratonica (II grado), ma con la nota fondamentale e la quinta dell'accordo abbassate di un semitono; tale alterazione dà all'accordo un caratteristico sapore languido e melanconico. Non è un accordo dissonante, ma dato il suo ruolo di sottodominante [1] il suo normale collegamento avviene con l'accordo di dominante o con quello cadenzante di $\frac{6}{4}$. La sua appari-

---

[1] [Infatti il primo rivolto della triade costruita sulla sopratonica ha come nota piú bassa la sottodominante (IV grado)].

zione nella storia musicale risale all'età di Purcell [1], mentre l'origine della parola «napoletana» è sconosciuta.

Esempio 122.

I 6°nap. Ic V⁷   I

Gli accordi di *sesta eccedente* si presentano in numero di tre e convenzionalmente vengono distinti col nome di tre nazioni, «francese», «tedesco» e «italiano». Tuttavia, sarebbe fatica sprecata tentare ogni paragone tra il carattere degli accordi e le nazioni in questione; non pare che vi sia alcuna ragione precisa per giustificare l'uso di questi nomi. Questi accordi possono apparire sulla sopradominante (VI grado) *bemollizzata* di ogni scala maggiore o sul normale VI grado di ogni scala minore, e sono caratterizzati dall'intervallo di sesta eccedente. Sebbene essi siano anche usati nei rispettivi rivolti, è più facile trovarli in posizione fondamentale; comunemente vengono collegati con l'accordo di quarta e sesta, oppure direttamente con un accordo di dominante.

sesta francese

Do magg.   La min.

6°franc. V   I

sesta italiana

Do magg.   La min.

(la terza è raddoppiata e la quinta omessa)

6°it. Ic V   I

---

[1] [Henry Purcell (1659-95) ne fa uso nella «Scena del Gelo» dell'opera *King Arthur* (1691)].

Esempio 123.

Se si guarda con attenzione l'esempio precedente si vedrà che la sesta francese consta della fondamentale sulla quale vengono sovrapposte una terza maggiore, una quarta eccedente, una sesta eccedente; l'italiana consta della fondamentale piú una terza maggiore, piú una sesta eccedente; la tedesca consta della fondamentale piú una terza maggiore, piú una quinta giusta (ottenuta bemollizzando il III grado della scala), piú una sesta eccedente. Un'ulteriore analisi di ciascun accordo di sesta eccedente mostrerebbe che essi possono anche essere considerati come alterazioni cromatiche degli accordi indicati da queste sigle: II'c, IVb e IV'b.

Modulazione

Nell'arte, la monotonia è un peccato imperdonabile. Abbiamo visto finora che i vari accordi, i loro rivolti, l'uso di note «accessorie», di dissonanze ecc., sono tutti elementi che dànno varietà al discorso musicale. Ma l'accorgimento tecnico piú affascinante e piú importante di tutti per ottenere varietà, è la *modulazione*. «Modulare» significa passare da una tonalità ad un'altra. Abbiamo già visto che qualsiasi intervallo, melodia, accordo ecc., può essere trasportato [1] in qualunque tonalità: cosí, sappiamo che esiste una relazione tra le tonalità (illustrata dal circolo delle quinte [2]) e cosí pure tra gli accordi. Queste relazioni hanno molta importanza per la modulazione, poiché servono a rendere il cambiamento di tonalità piú dolce e naturale. Se vogliamo fare un esempio, l'accordo di tonica di Do maggiore può anche essere considerato come dominante di Fa maggiore o sottodominante di Sol maggiore. Ragion per cui la modulazione dal Do maggiore al Sol maggiore è facilmente ottenibile considerando l'accordo di Do maggiore come accordo sottodominante di Sol maggiore; accordo che quindi conduce alla dominante e finalmente alla tonica di Sol maggiore. Questa specie di modulazione, in cui un accordo, con funzione di «cardine», è comune ad entrambe le tonalità – quella di partenza e quella di arrivo – è chiamata «modulazione diatonica».

---

[1] *Trasporto* significa eseguire o scrivere una melodia e/o un accordo in *un'altra tonalità* da quella originale.
[2] [Cfr. pp. 58-63].

Esempio 124.

Da ciò concludiamo che la via piú facile e naturale per passare da una tonalità ad un'altra è quella di modulare a tonalità strettamente imparentate fra loro. Come sarebbero, rispetto ad ogni tonalità maggiore e minore, le rispettive tonalità relative (maggiori o minori), la tonalità di dominante e quella di sottodominante.

Un altro genere di modulazione molto usato è quello che presenta un salto improvviso da un accordo in una tonalità ad un altro accordo, del tutto differente, in una nuova tonalità. Questo procedimento implica generalmente l'uso di una alterazione *cromatica*. Ma anche in questo caso almeno una nota deve essere comune ad entrambi gli accordi.

Esempio 125.

Il terzo genere di modulazione è anch'esso basato sul principio del «cardine», ma in questo caso le note (una o piú) componenti l'accordo della tonalità di partenza vengono mutate enarmonicamente in quelle di un nuovo accordo di diversa tonalità. Di qui il nome di *modulazione enarmonica*. In essa risultano di grande utilità alcuni degli accordi particolari visti sopra[1]: la settima diminuita, la sesta napoletana e la sesta tedesca ad esempio, sono estremamente maneggevoli per modulare da una tonalità ad un'altra priva di note comuni o, come si dice, «lontana».

[1] [Cfr. pp. 100-2].

Ad esempio, la modulazione da Do maggiore a Sol♭ maggiore, che a prima vista pare estremamente difficile, è in realtà agevole usando la settima diminuita o la sesta napoletana come cardini.

Esempio 126.

L'uso enarmonico della sesta tedesca è di grandissima utilità quando bisogna modulare ad una tonalità posta un semitono sopra o sotto la tonalità di partenza. Ad esempio, ecco la modulazione da Do maggiore a Re♭ maggiore e da Re♭ maggiore di nuovo a Do maggiore.

Esempio 127.

Progressione modulante

Nella composizione musicale si intende per *progressione* la ripetizione di un piccolo frammento a diverse altezze; di fatto, è una specie di trasporto [1] all'interno del fluire del discorso. La progressione può essere usata con successo (e la si usa spesso) senza che intervenga la modulazione, ma generalmente è piú efficace se unita ad essa. L'esempio 128 illustra il principio della progressione modulante.

Esempio 128.

La ripetizione non appare generalmente piú di tre o quattro volte, per un evidente motivo di varietà estetica. Troppe ripetizioni di uno stesso frammento musicale infatti originano monotonia e farebbero l'effetto di un disco che si incanta sul solco.

[1] [Cfr. nota 1 a p. 103].

Basso numerato

Siamo giunti cosí alla fine del nostro breve esame sugli argomenti piú importanti dell'armonia tradizionale. Prima di procedere oltre, dobbiamo dare un rapido sguardo al cosiddetto basso «continuo» o «numerato». Il *basso continuo o basso numerato* fu un sistema di notazione abbreviata universalmente in uso durante l'epoca barocca con lo scopo di indicare l'armonia base per un accompagnamento. L'organista o clavicembalista doveva «realizzare» l'indicazione data dal compositore. Inutile dire che tale pratica implicava una consumata conoscenza tecnica e teorica da parte dell'esecutore. L'abilità di improvvisazione di un musicista dell'epoca barocca può essere solo paragonata con quella di un moderno musicista jazz, il quale spesso mette in mostra una eccezionale padronanza tecnica. Il principio base del basso numerato è l'indicazione di un accordo e della sua posizione per mezzo di una nota indicante il basso fondamentale, sopra la quale è un numero che corrisponde all'intervallo richiesto sopra la nota segnata. L'esempio 129 illustra questo ingegnoso sistema, che è tuttora nell'uso generale e forse è il piú pratico, e certo il piú comodo, dei metodi necessari all'indicazione degli accordi [1].

---

[1] [Nell'es. 129 le numeriche sono date nella forma abbreviata piú comune. Eccole per disteso: $6 = \frac{6}{3}$, $\frac{6}{5} = \frac{6}{5}$, $\frac{4}{3} = \frac{6}{4}$, $2 = \frac{6}{4}$, $7 = \frac{7}{5}$, $8 = \frac{5}{3}$ con l'ottava nella parte piú acuta, $3 = \frac{5}{3}$ con la terza nella parte piú acuta; un accidente (♯, ♭, ♮) senza numero sottintende un 3 e va riferito alla terza. Il segno —— indica il persistere di una stessa armonia (cfr. es. 220 a p. 207)].

Esempio 129.

Le note del basso dato erano un tempo suonate per lo piú da una viola da gamba o da un violoncello, in modo da acquistare un maggior peso, mentre il clavicembalista suonava l'accordo completo. In quel periodo, la musica da camera, i concerti, le Passioni ed ogni altro genere di pezzi richiedevano quindi un «realizzatore» del basso numerato, mentre nelle edizioni moderne di solito per comodità dell'esecutore gli accordi sono già scritti per disteso.

Per chiarezza e semplicità, gli esempi riferiti sin qui discutendo di armonia erano tutti in Do maggiore o in La minore. Naturalmente il lettore trarrà il maggior vantaggio se si sforzerà di trasferirli in quante piú tonalità gli sarà possibile. Gli esempi proposti servono come necessaria spiegazione delle funzioni elementari degli accordi. Ma, per vederli agire nella musica viva si consiglia l'analisi dei corali di Bach e delle sonate per pianoforte di Haydn, Mozart e Beethoven. Seguono qui sotto tre brevi esempi:

Esempio 130.   Bach, corale *Ora la mia anima loda il Signore*.

Esempio 131. Mozart, rondò della *Sonata per pianoforte* in Sib K 281.

Esempio 132. Beethoven, II movimento della *Sonata per pianoforte* in fa minore op. 57.

Contrappunto

La melodia, è la dimensione orizzontale della musica, l'armonia quella verticale. Quando una melodia viene cantata o suonata completamente da sola, come nella musica popolare o nel canto gregoriano, l'aspetto orizzontale è ovviamente predominante. Questo tipo di musica è detta *omofonica* (dal greco *omós*, identico, *foné*, suono o voce). Quando poi, com'è il caso di un canto accompagnato, una singola melodia si trova sovrapposta ad un accompagnamento, ad esempio di accordi, abbiamo una specie di fusione delle due dimensioni in un tipo definito come *monodia* accompagnata. Infine, quando abbiamo la combinazione simultanea di piú di una linea melodica ben caratterizzata – e il tutto ben fuso assieme in armonica coerenza, come nei preludi di corale per organo di Bach, siamo in presenza di una musica *polifonica* o *contrappuntistica* (dal greco *polýs* = molto; il termine contrappunto, che tecnicamente è sinonimo di polifonia, deriva dal latino *punctus contra punctum*, cioè nota contro nota). Vi sono molti altri generi di musica contrappuntistica oltre al tipo classico bachiano, che si verificano, ad esempio, quando l'aspetto armonico non è in equilibrio con quello melodico (come avveniva nel medioevo [1]), o quando il complesso dell'armonia viene considerato da un angolo visuale diverso da quello di Bach (come all'epoca di Palestrina). Ma in tutti i generi di musica contrappuntistica, la caratteristica essenziale è l'interesse di ogni linea melodica, indipendentemente dal fatto che tali linee vengano combinate una con l'altra.

[1] [In cui l'elemento melodico era prevalente su quello armonico].

I principî tecnici basilari della scrittura contrappuntistica si possono riassumere brevemente cosí:

1) *Interesse melodico* e indipendenza delle singole voci. Ciò può essere ottenuto con vari accorgimenti, di cui i due piú noti sono: *a*) l'uso di un *tema* o di qualunque motivo ritmico e melodico facilmente riconoscibile [1]; *b*) imitazione, cioè riaffermazione del «tema» in diverse voci e diverse altezze. (L'imitazione soddisfa un forte istinto della natura umana, e in musica ha un'importanza particolare).

2) *Interesse ritmico* dato da una spiccata indipendenza ritmica di ogni parte, al punto che l'imitazione del «tema» è spesso affidata piú al ritmo che alla melodia. E ciò in conseguenza del fatto che l'orecchio segue con difficoltà piú linee melodiche simultanee mentre è estremàmente sensibile nel distinguere il variare del tessuto ritmico.

3) *Funzione di basso fondamentale della parte piú bassa.* Si osservi, in linea generale, che quanto piú complesso è il tessuto di un pezzo contrappuntistico, tanto piú la sua armonia-base è semplice.

Ecco le prime tre battute della *Invenzione* a tre voci in Fa maggiore di Bach, nelle quali i tre punti appena descritti trovano la migliore applicazione.

Esempio 133 (anche l'idea tematica del basso viene imitata).

---

[1] [Si intende per *tema* una melodia, o un frammento di essa, di netta individualità tale da essere il protagonista o il nucleo generatore di una composizione (come il soggetto in una fuga); per *motivo* si intende una entità piú breve, come un frammento di tema; due sole note purché sufficientemente caratterizzate possono costituire un *motivo*. Cfr. p. 121].

Il canone è la forma piú rigorosa di imitazione contrappuntistica. Il principio su cui si fonda è quello della ripetizione esatta del tema base da parte della voce imitante. Questa tecnica è qualcosa di simile alla presentazione di due gentlemen. «How do you do?» (dice la prima voce); «How do you do?» (risponde la seconda), e cosí via. Mentre la voce principale tira avanti, la seconda ripete testualmente ciò che ha detto la voce principale. Il termine tecnico che distingue la voce principale è *dux* (o antecedente) mentre la seconda voce è detta *comes* (o conseguente). Se poi, come spesso avviene, si aggiungono una terza, una quarta e altre voci ancora, ciascuna voce nuova, o *comes*, diventa a sua volta il *dux* della voce che la segue. *Canoni perpetui*, o rote[1], sono pezzi in cui una volta raggiunta la fine, le voci possono, *ad libitum*, ricominciare le loro parti da capo; un famoso esempio lo si ha nella canzoncina *Fra Martino campanaro*.

L'entrata del *comes* può avvenire alla stessa altezza del *dux*, oppure ad altezza differente. Cosí si parla, ad esempio, di canone alla quinta, alla quarta, all'ottava eccettera, quando l'entrata del *comes* avviene ad una quinta, una quarta, un'ottava ecc. di distanza dal *dux*.

Il canone offre la possibilità di alcuni virtuosismi tecnici, quali ad esempio il canone rovesciato (quando il *comes* rivolta gli intervalli costituenti la melodia di base), il canone cancrizzante o retrogrado (quando il *comes* riproduce la melodia di base, ma dall'ultima nota alla pri-

---

[1] [Cfr. nota 2 a p. 58].

ma, all'indietro) e i canoni aumentati o diminuiti (quando la parte del *comes* aumenta o diminuisce la durata delle note esposte dal *dux*). Un tempo il canto dei canoni era molto popolare, senza dubbio, anche a causa dei testi, spesso allegramente licenziosi. Essi erano particolarmente in voga in Inghilterra, durante i secoli XVII e XVIII quando erano comunemente conosciuti come *rote* o *caccie*. Oggigiorno, per una strana ironia, l'uso del canone si ritrova solo a punti estremi e cioè in composizioni particolarmente astruse e audaci oppure nelle filastrocche per bambini.

La fuga è forse il frutto tecnicamente e artisticamente piú maturo (e ciò vale specialmente per Bach) di tutta la concezione contrappuntistica. Sarebbe vano cercare di comprendere in un unico modello tutte le fughe mai scritte; ognuna di esse varierà in questo o quel particolare dalla struttura che stiamo per esporre. Questo è il motivo per cui eminenti musicologi hanno negato la utilità di descrivere la fuga in quanto *forma*. Essi preferiscono parlare di «procedimento» o di «tessuto fugato», piuttosto che di una «forma» vera e propria, e questo è anche il motivo per cui parliamo della fuga ora piuttosto che nella terza parte. Tuttavia è possibile fornire una traccia generale seguendo i suoi elementi piú caratteristici.

Soggetto

La fuga si basa su un «tema» o «soggetto» di carattere ben determinato e riconoscibile, che viene affermato da solo all'inizio del brano e che riappare in diversi momenti e a diverse altezze durante il corso della composizione. La *risposta* è l'imitazione del soggetto, di solito ad una quinta giusta sopra o ad una quarta giusta sotto – cioè trasportando il soggetto in tonalità di dominante – per modo che viene mantenuto uno stretto rapporto armonico con il soggetto stesso. Se l'imitazione è esatta la risposta viene detta *reale*, se uno o piú intervalli vengono alterati, causa esigenze melodiche o armoniche, essa viene chiamata *tonale*.

Contro-soggetto

Dopo la presentazione del soggetto solo, «entra», in un'altra voce, la risposta; a questo punto il soggetto non si arresta, ma continua ad un tempo con la risposta che viene a «scontrarsi» con esso secondo una linea melodica contraria che prende il nome di *contro-soggetto*.

Voci

Di solito, ma non sempre, le fughe sono scritte a tre o a quattro parti (o voci). Ciò significa che vi sono tre o quattro linee melodiche simultanee che si muovono con notevole indipendenza, ma formanti allo stesso tempo collegamenti armonici soddisfacenti. Quando si ha soggetto, risposta e poi di nuovo soggetto, si dice che la fuga è a tre parti; quando invece abbiamo soggetto, risposta, soggetto e di nuovo risposta (tutti uno di seguito all'altro), parliamo di fuga a 4 parti.

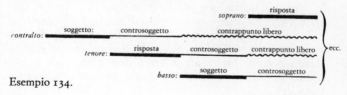

Esempio 134.

Codetta

Talvolta è necessario, per il buon andamento della melodia, introdurre un breve passaggio collegante tra il «soggetto» e la «risposta», o in vari altri punti nel corso della fuga. Il nome di questo frammento è codetta.

Divertimento

Il divertimento [1] è un passaggio contrappuntistico con funzione di rilassamento tra le varie riapparizioni del soggetto principale. Dal punto di vista tematico è molto comune, ma non necessario, farlo derivare dal soggetto o dal controsoggetto; l'uso delle progressioni è assai frequente nei divertimenti.

Struttura

Quelli visti sinora sono gli elementi fondamentali del *tessuto* di una fuga. Per quanto riguarda la *forma* come insieme, la fuga è convenzionalmente divisa secondo tre sezioni: esposizione, sezione centrale e sezione finale.

L'*esposizione* è la prima parte della fuga, nella quale il soggetto viene presentato una o piú volte in ciascuna parte (o voce).

All'esposizione tien dietro la *sezione centrale*, nella quale spesso si introduce un divertimento. La sezione centrale viene in genere arricchita dall'impiego di varie modulazioni, quali ad esempio alla tonalità relativa, alla sottodominante, o alla dominante. In questa sezione è abbastanza comune far tacere a lungo una o piú voci; questi silenzi servono a far risaltare maggiormente la nuova entrata del soggetto.

Si considera generalmente il momento in cui il soggetto ricompare in tonica (sulla tonalità base) come l'inizio della *sezione finale*, quella che porta al culmine l'intera fuga.

Il coronamento finale della fuga (e, invero, di qualunque altra composizione musicale) avviene di solito aggiungendo alla struttura principale, qualche battuta in piú con lo scopo di concludere l'intero pezzo in modo piú convincente; tale è la funzione della coda.

---

[1] [Si badi che il termine non implica una caratteristica psicologica, ma discende dall'intransitivo latino *divertĕre* (volgersi altrove, essere diverso)].

Tutti gli accorgimenti tecnici descritti sotto il paragrafo «canone» e il canone stesso, possono essere impiegati durante la fuga. In aggiunta a quelli già visti, occorre citarne altri due di particolare interesse, lo *stretto* e il *pedale*.

Lo *stretto* si ha quando l'entrata della risposta avviene prima che il soggetto sia terminato, cioè quando la risposta si sovrappone al soggetto che ancora non è stato esposto completamente. La tensione può essere aumentata facendo entrare, ad esempio in una fuga a quattro parti, tutte le quattro voci in stretto. Lo stretto con il suo affollamento di voci, è spesso usato per raggiungere il culmine dell'intensità espressiva.

Il *pedale* (o piú correttamente *nota pedale*) è, di solito, una prolungata nota bassa sopra la quale la parte superiore continua il suo movimento. È interessante osservare che questo procedimento, salvo il caso che la nota pedale si accordi armonicamente con tutte le note della voce superiore (caso molto raro), produce una serie di dissonanze; esse, tuttavia, furono sempre tollerate abbastanza volentieri anche dagli accademici piú pedanti. La nota pedale si trova generalmente proprio alla fine di una fuga (come, d'altronde, in altri generi di composizione) con funzione di sezione cadenzante.

L'esempio 135 illustra l'esposizione di una fuga in Mi maggiore: è tratta dal secondo volume del *Clavicembalo ben temperato* di Bach.

Esempio 135.

Le *Invenzioni* a due e tre voci, le *Variazioni Goldberg*, e, naturalmente, i due volumi del *Clavicembalo ben temperato* di Bach, i *Sessanta Canoni* di Haydn e i *Tredici Canoni* di Brahms, forniranno un ottimo materiale per un ulteriore studio della scrittura contrappuntistica.

Parte terza

Forme musicali

Solo quando la forma ti sarà completamente chiara, ti si renderà chiaro lo spirito.

SCHUMANN

A questo punto dovrebbe esserci divenuto familiare il vocabolario generale dei termini musicali, e cosí pure i simboli che li indicano. Ora sappiamo che un singolo suono, un accordo, una cadenza corrispondono, nella sfera del linguaggio, ad una lettera, ad una parola o a un segno di punteggiatura. In questo capitolo esamineremo come tutti questi materiali vengano assumendo una forma e come siano usati nella cornice di una struttura musicale.

Si ricordi la definizione che della architettura diede Goethe come «musica congelata». Egli si serví della musica per dare l'idea del logico fluire delle strutture di un bell'edificio. Se si inverte la metafora, si può dire che i *motivi*, le piú piccole unità di una composizione musicale, sono i mattoni della musica.

Un motivo, per essere intelleggibile, deve consistere almeno di due note, e deve possedere un modello ritmico chiaramente riconoscibile che gli dia vita. Eccone uno ben noto dalla *Nona Sinfonia* di Beethoven:

Esempio 136.

ed un altro tratto da Brahms:

Esempio 137 (inizio della *Quarta Sinfonia* in mi minore).

Di solito un motivo consta di tre, quattro, o piú note, come, ad esempio, l'inizio della *Quinta Sinfonia* di Beethoven:

Esempio 138.

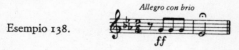

È sufficiente richiamare alla mente il seguito di questa famosa composizione per rendersi conto che questo motivo è la pietra angolare dell'intera costruzione musicale. È per mezzo del motivo e del suo sviluppo ingegnoso (attraverso la ripetizione, trasposizione, modificazione, trattamento contrappuntistico eccetera) che un compositore stabilisce e successivamente spiega la sua idea. Ma per potersi spiegare, e questo vale per la musica come per il discorso comune, si devono formare frasi e periodi comprensibili.

Frase

Una *frase* musicale è formata da uno o piú motivi e la sua conclusione è generalmente indicata da una cadenza. Ora si intende meglio la grande importanza delle cadenze discusse prima: il loro ruolo indispensabile è quello della necessaria punteggiatura. Ed ecco alcuni esempi di frasi musicali:

Esempio 139.   Beethoven, *Sonata per pianoforte* op. 14, n. 2.

Esempio 140.   Mozart, *Quartetto* in Si♭ K 589.

Periodo

La lunghezza comune di un *periodo* musicale è di 8 battute. (Naturalmente ve ne sono di piú lunghi o piú corti, ma è sorprendente quanti siano i periodi costruiti sul modello di otto battute, secondo una simmetria che sembra esercitare un fascino particolare). Si noterà come i periodi seguenti si dividano spontaneamente in due parti; alla fine della prima si ha uno stato, un «senso» non definitivo che solo la seconda parte riesce a completare.

Esempio 141.   Beethoven, *Nona Sinfonia*, ultimo movimento.

Esempio 142.   Haydn, *Sinfonia «London»*.

Se per il momento consideriamo il periodo di otto battute come base generale, troveremo alcuni casi di periodi che sembrano essere stati accorciati o allungati, con l'omissione o l'aggiunta di una o piú battute – proprio come avviene nel discorso quando si condensa il proprio pensiero, oppure lo si arricchisce con l'elisione o l'aggiunta di un'espressione. Un chiaro esempio di periodo musicale «compresso» è quello con cui inizia l'ouverture delle *Nozze di Figaro* di Mozart:

Esempio 143.

Naturalmente i periodi sono allungati dalla dilatazione delle frasi che li formano, cosa che si ottiene in vari modi, quali la ripetizione delle cadenze, l'uso delle progressioni, la ripetizione testuale o imitata di una battuta e cosí via. L'esempio che segue è tratto da *La Fleurie, ou La tendre Nanette* di Couperin.

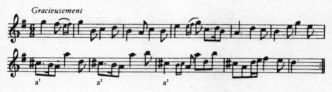

Esempio 144.

Ovviamente vi sono molti altri generi di periodi musicali, delle piú diverse lunghezze; non esistono regole capaci di limitare l'invenzione di un compositore.

Dal periodo passiamo ora al paragrafo, al capitolo, cioè a dire, in termini musicali, a una struttura completa. Se osserviamo questa sarabanda di Corelli, noteremo immediatamente la sua analogia con la successione domanda-risposta riscontrabile nel linguaggio.

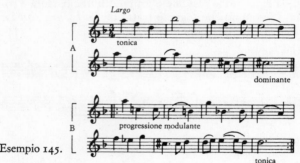

Esempio 145.

La sezione interrogante (A) comincia in tonica e finisce in dominante. La seconda sezione (B) che risponde alla prima, trae la prima nota della sua melodia dalla tonalità in cui A si è conclusa, quindi modula, e infine ritorna nuovamente alla tonica. Questo procedimento equivale al seguente schema del linguaggio parlato:

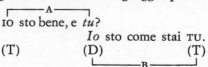

Nell'esempio riportato, «IO» della prima frase può essere considerato come la tonica; il «*tu?*», corrispondente alla dominante, diventa «*Io*» della seconda frase, e il «TU» conclusivo, a sua volta, rimbalza sul primo interlocutore, cioè «IO» (tonica).

Tale esempio illustra la forma binaria (*bi*naria, a causa delle sue due sezioni). Questa è la disposizione, o schema, forma, progetto, chiamatelo come volete, piú semplice che i compositori possono usare. La forma musicale non è un impaccio per il compositore; essa lo provvede semplicemente di una cornice entro la quale egli può esprimersi artisticamente. Questa disciplina formale è simile a quella accettata dal poeta, che cerca di estrinsecare il suo pensiero e le sue emozioni nell'ambito dello schema, ad esempio, di un sonetto.

Osserviamo ora da un passo di Bach, in che modo la forma binaria può essere prolungata; ecco la chiusa dell'allemande della *Suite francese* n. 6.

Esempio 146.

Qui noi notiamo quattro battute in piú (dopo il punto in cui sarebbe stato normale attendersi la fine), che rendono la conclusione piú dolce, che dànno quel *in piú* di durata che ci vuole per terminare il pezzo in un modo piú soddisfacente. Si tratta cioè della coda, di cui abbiamo già parlato trattando della fuga.

Nella forma binaria, le due sezioni A e B vengono spesso ripetute per imprimere meglio le differenze esistenti tra loro. Quando A e B non sono simmetriche, è la sezione B, quella conclusiva, che è piú lunga. Ciò è dovuto alle ricche possibilità di modulazione che si hanno tornando indietro verso la tonica, ed anche, quando c'è, alla pre-

senza della coda che, naturalmente, fa parte di B. La musica da ballo dei secoli XVII e XVIII, che raggiunse la sua
massima espressione nelle suites di Bach, è per la maggior parte in forma binaria.

Se, una volta assimilata la struttura binaria con la sua formula «AB», consideriamo un'altra struttura indicata dalla formula «ABA» automaticamente capiremo che A indica una sezione, B ne indica un'altra e il ritorno di A significa la ripetizione piú o meno testuale della prima sezione. Ma osservando l'esempio 147 ci si rende conto che in realtà c'è una differenza piú essenziale tra le due formule. ABA, chiamata forma «ternaria», differisce da quella binaria nel fatto che B è un *episodio* completamente differenziato da A¹ e A², e ciascuna sezione è armonicamente autonoma. L'esempio seguente è tratto dal terzo movimento della *Sonata per pianoforte* in Sib op. 22 di Beethoven.

Esempio 147.

Per riassumere con un'immagine la struttura generale della forma ternaria, potremmo definirla una specie di sand-

wich musicale, consistente di una prima sezione che in-
comincia in tonica e che termina o in tonica o in una tonalità vicina, di un episodio (che corrisponde al ripieno) in contrasto con entrambe le sezioni estreme per l'impiego di una o piú tonalità diverse e di diverso materiale,
e infine di una terza sezione, che è una ripetizione testuale o leggermente variata dalla prima, e che comincia e termina in tonica. Talvolta, come nell'esempio sopra riportato, viene aggiunta una coda.

Si possono trovare in tutta la letteratura musicale in-
numerevoli esempi di questa forma. Uno dei primi è la
canzone del pastore nell'*Orfeo* di Monteverdi (1607);
Bach l'adopera nelle sue suites nel caso di *danze alterna-
te* (cioè quando la prima di una coppia di danze viene ripetuta tale e quale quando la seconda è terminata). Altri
esempi evidenti sono l'aria col *da capo* e la successione
minuetto-trio-minuetto usata dai compositori del periodo
classico (Haydn, Mozart, Beethoven) come terzo movimento di una sinfonia o di una sonata. Inoltre quando si
faccia un attento esame dei piú brevi pezzi per pianoforte dell'epoca romantica, come ad esempio i Notturni e le
Mazurche di Chopin, oppure gli Improvvisi di Schubert,
ci si accorge che molti di essi sono in forma ternaria.

Forme musicali basate sulla danza

Per secoli la danza ebbe un significato essenzialmente rituale e religioso. L'adorazione e la propiziazione degli dèi, le preghiere per la fertilità dei campi, per il tempo buono, e cosí via, venivano fatte spesso per mezzo di movimenti di danza e melodie, dovute all'improvvisazione o stabilite da una tradizione. Durante l'età greca e romana, la danza ebbe una lenta evoluzione dal rito ad arte vera e propria. Ma, sacra o profana, arte autonoma o no, c'è qualche cosa di fondamentalmente erotico nella danza che alla Chiesa non doveva piacere. Durante il medioevo la musica da ballo e la danza in genere furono costantemente disapprovate. La danza tuttavia continuò a livello popolare, finendo col rifiorire nelle varie corti europee del Cinquecento. Molte danze, spesso di origine rustica, vennero in gran voga e si trasformarono in pezzi strumentali fortemente stilizzati, i quali in definitiva non erano piú danzati ma semplicemente ascoltati. La piú evidente manifestazione di questo processo la si trova nella suite.

La suite è una composizione strumentale consistente in un seguito di danze stilizzate. Fu una delle forme di musica strumentale piú importanti nel corso dei secoli XVII e XVIII, ed è tuttora usata, sebbene con alcune modificazioni.

I quattro tipi di danza piú importanti che appaiono di norma in una suite del periodo barocco (vedi quelle di Bach) sono la allemanda, la corrente, la sarabanda e la giga.

Allemanda

L'allemanda è una danza di origine tedesca, in movimento moderato e in misura a quattro tempi. La sua caratteristica ritmica è l'inizio in levare[1] (da tempo debole a forte).

Esempio 148.   Bach, *Suite in Sol maggiore per violoncello solo.*

Corrente

Vi sono due generi di corrente: italiana e francese. L'italiana è una danza in misura di tre tempi (3/4) e, come suggerisce il nome, di carattere vivace.

[1] [Cfr. p. 41].

Allegro vivace

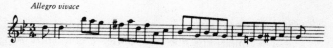

Esempio 149.   Händel, *Suite in sol minore*.

La corrente francese è in misura di tre tempi (3/4 o 6/4), con un tipo di scrittura piú contrappuntistico. La sua caratteristica è che i due metri vengono spesso avvicendati o anche mescolati, in particolar modo in sede di cadenza. La posizione degli accenti viene in tal modo variata e di conseguenza il ritmo risulta talvolta ambiguo. Il procedimento, nel suo insieme può essere definito *poliritmico*.

Esempio 150.   Bach, *Suite inglese* n. 5 in mi minore.

Sarabanda

La sarabanda è di origine spagnola, ma si suppone che, in realtà, provenga a sua volta dalla civiltà araba o persiana. Il suo andamento è lento, in 3/4 o 3/2, con un accento sul secondo tempo della battuta. Il suo carattere divenne col tempo nobile e solenne, ma in origine era una voluttuosa danza d'amore, che turbava il moralismo di molti uomini rispettabili.

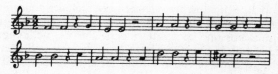

Esempio 151.   Händel, *Suite in re minore*.

Giga

La giga si colloca alla fine della suite: è una danza ra-
pida e vivace di origine inglese o irlandese. Di solito è in
3/8, 6/8, 9/8, 12/8, e viene trattata prevalentemente con
scrittura imitativa, spesso con spunti fugati.

Esempio 152.   Bach, *Suite inglese* n. 5 in mi minore.

Alle quattro danze costituenti la base fondamentale della suite, se ne aggiungevano spesso (ma non sempre) altre, quali il minuetto (cfr. p. 135), la gavotta (4/4), il pas-
sepied (3/8 o 6/8), la bourrée (4/4), la musette (una danza pastorale, con un basso prolungato da cornamusa) e la
passacaglia (cfr. p. 136). Talvolta, l'allemanda era preceduta da un movimento introduttivo senza riferimento alla danza, di natura piuttosto improvvisatoria e rapsodica.
Tali movimenti prendevano nome, fra altri, di preludio,
fantasia, toccata.

I vari movimenti di una suite del periodo barocco erano, di norma, tutti in una medesima tonalità, sebbene
qualche modulazione apparisse all'interno di ogni singolo
movimento. Col tempo vennero introdotti molti cambia-
menti, particolarmente mediante l'uso elastico della tonalità, vennero inserite nuove danze al posto dei tipi convenzionali, e, finalmente, vennero liberamente concatena-
te forme musicali contrastanti fra loro. Esempi di forma
di suite si possono confrontare nelle Partite, nelle Suites
francesi, inglesi e per orchestra di Bach, e nelle Suites di
Händel; esempi posteriori sono la suite *L'Arlesiana* di
Bizet, *Peer Gynt* di Grieg, l'*Uccello di fuoco* di Stravinsky e la *Suite di danze* di Bartók.

Tra le varie danze dei secoli XVI e XVII ve ne sono tre

che, a parte la loro occasionale comparsa all'interno di u-
na suite, hanno caratteristiche e importanza particolari:
il minuetto, la ciaccona e la passacaglia.

Minuetto

Di origine francese, fu una delle danze di impiego «ufficiale» alla corte di Luigi XIV. È in tempo di 3/4, e il suo
movimento dapprima garbatamente moderato divenne
poi nelle mani di Haydn e di Mozart gradatamente piú
veloce. Infine, con Beethoven, il suo carattere cambiò a
tal punto da essere sostituito per lo piú con il rapido e vivace *scherzo*.

La struttura del minuetto può essere binaria o ternaria, e la sua caratteristica è che spesso viene combinato
col cosiddetto *trio*, che è una sezione centrale tra il minuetto e la sua ripetizione. Il trio era originariamente suonato da tre soli esecutori, donde il nome. Lo schema formale generale del minuetto con trio è pertanto il seguente:

A¹ *minuetto*, in forma binaria o ternaria, con inizio e
conclusione in tonica;

B *trio*, basato su materiale nuovo e, a sua volta, in forma binaria o ternaria. Spesso è in una nuova tonalità;

A² ripetizione di A¹, con l'aggiunta occasionale di una
coda.

Nel suo insieme la struttura di un minuetto con trio è,
naturalmente, quella ternaria già vista prima.

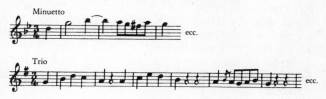

Esempio 153.   Mozart, *Sinfonia* n. 40 in sol minore.

Ciaccona e passacaglia

La ciaccona e la passacaglia erano in origine forme di danza in movimento moderato e in misura di tre tempi, ma finirono col perdere completamente le loro caratteristiche di musica per danza. L'idea fondamentale del loro trattamento estremamente stilizzato è la variazione continua, di solito su un *basso ostinato*. *Ostinato* (cioè insistente, sempre uguale) in quanto che una stessa frase musicale viene ripetuta insistentemente attraverso tutto un movimento o un episodio di esso. Il principio dell'*ostinato* è la caratteristica fondamentale sia della ciaccona sia della passacaglia.

Uno dei piú celebri esempi di questo trattamento è la ben nota Passacaglia in do minore per organo di Bach. In essa un tema *ostinato* di otto battute riappare venti volte, per lo piú al basso, nella sua forma testuale o appena leggermente variata.

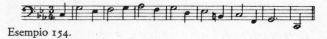

Esempio 154.

La netta distinzione tra ciaccona e passacaglia è tuttora un problema musicologico insoluto. Ma, a parte ogni analogia, si può affermare che la passacaglia è basata su un tema *ostinato* di caratteristiche melodiche ben definite (tema che di norma si trova al basso), mentre la ciaccona è una variazione continua in cui il «tema» è piuttosto un semplice collegamento di accordi, che serve di base a ciascuna variazione. In realtà, si tratta di una distinzione labile che è stata spesso contraddetta da numerosi compositori, storici e critici, i quali di fatto hanno usato i due termini indistintamente. Perciò, non si deve stupire se, ad esempio, l'ultimo movimento della *Quarta Sinfonia* di Brahms è citato una volta come tipico esempio di passacaglia, ed un'altra come esempio altrettanto tipico di ciaccona.

Tema con variazioni

La ciaccona e la passacaglia appartengono in buona misura alla categoria delle variazioni, ma poiché la loro radice è nella danza, e poiché, inoltre, la loro usuale comparsa avviene all'interno di suites, le abbiamo trattate con la categoria generale di forme basate sulla danza. Ora ci servono come passaggio al nostro prossimo argomento, la forma del tema con variazioni.

Come è facile supporre, «variazione» significa la presentazione ripetuta piú volte di un tema, ma ogni volta modificato in qualche elemento, o nella melodia, o nel ritmo, o nell'armonia. Il tema adatto alla variazione, di solito, è una melodia che attira immediatamente l'attenzione, composta in forma binaria o ternaria, ma talvolta anche costituita di un solo periodo musicale. Il tema può essere composto originariamente dal compositore, come, ad esempio, nel caso delle variazioni di Mozart nella *Sonata per pianoforte* in La maggiore K 331, oppure caso piú frequente, «preso in prestito» da un altro compositore, per cavare fuori dal tema tutte le possibilità melodiche ed armoniche che potenzialmente contiene, come si può vedere nelle *Variazioni* su un tema di Diabelli di Beethoven, e in quelle di Brahms su temi di Händel e Haydn.

Vedi nell'esempio ℮55 l'inizio del tema di Diabelli ed alcune battute delle due prime variazioni di Beethoven.

1ª variazione

2ª variazione

Esempio 155.

Rondò

Il rondò musicale, come il *rondeau* poetico si basa sulla ripetizione. In un rondò il tema principale riappare non meno di tre volte, e spesso molte di piú. Ciascuna volta il tema e la sua riapparizione sono nettamente separati da un episodio contrastante. Lo schema del rondò appare quindi cosí:

A¹ tema in tonica;
B primo episodio, in altra tonalità;
A² tema in tonica;
C secondo episodio, in altra tonalità;
A³ tema in tonica, che di solito conduce ad una coda.

Queste sezioni, se necessario, sono legate assieme con naturalezza da piccoli passaggi di collegamento, quasi anelli o ponti musicali. La forma del rondò, data la sua forte somiglianza con il principio ternario (ABA), viene talvolta descritta come forma ternaria ampliata (restando nell'immagine precedente, come un sandwich a doppi strati).

Un famoso esempio di forma rondò è l'adagio della *Sonata «Patetica»* di Beethoven.

Esempio 156 (ripetizione del tema in chiave di violino).

La sonata

Fino al XVI secolo la musica strumentale non era al primo posto per importanza. Lo stile di una musica era in generale fondato sull'aspetto vocale, mentre gli strumenti, quando erano usati, avevano di solito una funzione subordinata alle voci.

Il sorgere a coscienza propria della musica strumentale si fa convenzionalmente risalire all'inizio del secolo XVI, e il primo germe della sonata va rintracciato attorno allo stesso periodo. In origine il termine «sonata» (dal verbo *suonare*) significava qualunque composizione *non* cantata, ma suonata con strumenti. Al contrario della suite, che si è sviluppata dalla musica da ballo, la sonata ebbe le sue radici in un tipo di musica vocale di origine franco-fiamminga, detta «canzone». Durante il XVII e l'inizio del XVIII secolo, la sonata, in contrasto con la suite, era di solito una composizione di vari movimenti, ma di carattere piú serio, scritti in forma binaria e in forma ternaria. Una successiva distinzione fu fatta poi tra *sonata da camera* e *sonata da chiesa*. D'altra parte, a quell'epoca la differenza tra sonata e suite non era molto forte. Caratteristici movimenti di danza apparivano spesso nella sonata. La coppia di minuetto e trio della sonata classica, è, in effetti, un resto di quella incertezza.

Da quei primi tipi di sonata, attraverso una lenta evoluzione, in cui molte forme diverse si trovarono coinvolte e a cui molti compositori contribuirono, la sonata raggiunse la sua struttura caratteristica circa a metà del secolo XVIII, al punto da primeggiare fra tutte le forme musicali. L'età di Haydn, Mozart e Beethoven (il cosiddetto pe-

riodo classico) si svolge tutto sotto l'insegna della forma
di sonata. E fu nelle mani di questi compositori che la
sonata raggiunse il suo culmine per complessità e perfe-
zione di struttura.

Dopo la nostra breve divagazione storica, dobbiamo rivolgerci con uno sguardo piú attento al principio della forma sonata: essa è propriamente una struttura che si applica ad un *singolo movimento*.

La forma sonata classica presenta una triplice divisione fondamentale: esposizione, sviluppo e ripresa.

Esposizione

Come nella prima parte di un'azione teatrale ci vengono presentati i personaggi principali, cosí nell'esposizione della forma sonata, facciamo conoscenza con i suoi elementi tematici di base, con i «soggetti» della sonata. Questi «soggetti», proprio come le *dramatis personae* di una commedia, si dividono in due categorie che possono essere definite come maschile e femminile. Il primo tema (che può anche essere formato da un gruppo di idee tematiche), di solito, è una concisa melodia di particolare interesse ritmico – e di carattere «maschile» – in tonica.

Esempio 157. Beethoven, *Sonata* in do minore op. 10, n. 1.

Il secondo tema (o gruppo tematico) è di solito di carattere lirico, piú «femminile», in contrasto col primo. In linea generale si può affermare che nel secondo tema è l'interesse melodico che predomina. (Si noti tuttavia che talvolta i due ruoli sono invertiti e allora il tema lirico appare per primo). Ma il contrasto principale tra primo e secondo tema è dato dal fatto che il secondo è in diversa tonalità; questa è di solito la dominante o i relativi maggiore o minore.

Esempio 158.   Beethoven, *Sonata* in do minore op. 10, n. 1.

La transizione tra i due temi avviene tramite un passaggio di varia lunghezza detto «ponte» modulante, di solito basato sul materiale tematico del primo tema. Per continuare l'analogia teatrale usata prima, questo nuovo «personaggio» potrebbe essere definito come «l'amico» nelle commedie «del triangolo».

L'esposizione si chiude con una codetta. A questo punto, salvo che ci sia, come avviene talvolta, una completa e testuale ripetizione dell'esposizione, ha inizio lo sviluppo.

Sviluppo

Nello sviluppo l'elaborazione del materiale musicale presentato nella prima parte della sonata viene condotto al suo apice. Qui si dispiega in modo completo il conflitto drammatico suggerito dall'esposizione; conflitto condotto con vari mezzi musicali, quali la modulazione, l'uso di cadenze imperfette ed interrotte, fioriture melodiche, tensione dinamica, eccetera. Ancora una volta, la somiglianza con il complicarsi di una trama teatrale appare evidente.

Ripresa

La ripresa è la sezione conclusiva della sonata in cui l'esposizione viene ripetuta, con alcune varianti tecniche e con un diverso significato emotivo. La modificazione tecnica piú importante è che il secondo tema appare ora in tonica. Il tutto porta ad una coda. Il conflitto è superato, i «personaggi» hanno riacquistato il loro equilibrio, ma, come risultato degli avvenimenti che hanno vissuto, essi hanno subito un sensibile cambiamento.

La forma sonata, vista nel suo complesso, può essere descritta in linea generale come struttura ternaria (A^1B A^2).

Come termine generale, «sonata» significa invece una composizione strumentale di vari movimenti per uno o due strumenti, in cui *uno o piú dei movimenti stessi che la compongono sono in forma sonata*. Il piú delle volte il movimento in forma sonata è il primo; motivo per cui la forma sonata è spesso erroneamente detta «forma di primo movimento».

La sonata nel suo insieme, consta generalmente di tre o piú spesso di quattro movimenti. Lo schema consueto di una sonata in quattro movimenti è:

1° movimento: in forma sonata;
2° movimento: in forma ternaria (ma può anche essere in forma sonata, in forma di rondò, di tema con variazioni);
3° movimento: minuetto e trio (o scherzo e trio);
4° movimento: in forma di rondò (o in forma sonata e talvolta, di tema con variazioni).

Le indicazioni dinamiche di movimento piú comuni sono basate sul canone estetico della varietà e sono di solito: 1) veloce; 2) lento; 3) moderatamente veloce; 4) veloce.

Quando all'esecuzione sono richiesti piú di uno o due strumenti, la composizione viene detta trio, quartetto, quintetto eccettera. Per cui un quartetto d'archi, ad esempio, è in realtà una sonata per quattro strumenti ad arco: due violini, una viola ed un violoncello. Quando la composizione richiede un'orchestra intera, si parla di sinfonia.

Talvolta la composizione vera e propria è preceduta da una introduzione. Si tratta di una sezione che, come il nome dice chiaramente, serve ad introdurre il movimento che segue. Può essere brevissima, come, ad esempio, le due battute introduttive della *Sinfonia «Eroica»* di Beethoven, oppure molto piú lunga, come nella *Settima Sinfonia* dello stesso autore.

Il rondò-sonata è una interessante combinazione di due forme musicali, il rondò e la forma sonata. Per lo piú viene usato come movimento conclusivo di una sonata. Il suo schema generale ha questo aspetto:

Esposizione

A¹ *Tema del rondò*, che funge da *primo tema*, in tonica, della forma sonata.

B¹ *Primo episodio*, che introduce e comprende il *secondo tema*, in dominante o in un'altra tonalità.

A² *Tema del rondò* (*primo tema*), in tonica.

Sviluppo

C *Secondo episodio*, o *digressione centrale*, in cui prende posto lo *sviluppo* della normale forma sonata.

Ripresa

A³ *Tema del rondò* (*primo tema*), in tonica.

B² *Terzo episodio*, in cui riappare il *secondo tema*, ma questa volta in tonica (come nella forma sonata).

A⁴ *Tema del rondò*, che conduce alla coda.

Vi sono numerosissimi esempi di tale forma nelle opere di Haydn, Mozart e Beethoven; il finale dell'*Ottava Sinfonia* di quest'ultimo è uno degli esempi piú famosi di rondò-sonata. Ecco il tema principale:

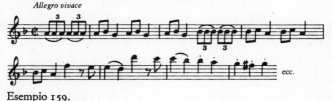

Esempio 159.

Sinfonia

La sinfonia è semplicemente l'adattamento della sonata ad una intera orchestra. Per le grandi possibilità musicali che racchiude, specialmente per quanto riguarda i colori orchestrali e la gradazione di volume sonoro, la composizione sinfonica ha un'importanza predominante nella storia della musica. Essa è un po' il romanzo della letteratura musicale; nel suo ambito strumentale, c'è posto per qualsiasi cosa, dal lirismo piú tenero all'eroismo piú esasperato. Lo schema comune di una sinfonia è analogo a quello della sonata descritto a p. 144.

Concerto

Il concerto è una composizione per uno strumento (o un gruppo di strumenti) e orchestra; le due parti, per cosí dire, sono complementari (il termine latino *concertare* significa appunto combattere fianco a fianco).

Quando un piccolo *gruppo* di strumenti (detto *principale* o *concertino*) si oppone all'intera orchestra (detta *tutti* o *ripieno*), l'opera prende il nome di *concerto grosso*, uno dei tipi di musica strumentale piú importanti durante il periodo barocco. In un primo tempo comprendeva un grande numero di movimenti, ma con Vivaldi si stabilí la successione di tre movimenti – veloce, lento, veloce.

I concerti di Corelli, Vivaldi, Bach e Händel offrono esempi di entrambi i tipi. Dopo un lungo intervallo il trattamento del concerto grosso ha di nuovo conosciuto una certa fortuna presso i compositori moderni, per esempio Bartók e Hindemith, che hanno entrambi scritto un Concerto per orchestra.

Il concerto per strumento solo o concerto solistico prevede l'esibizione di uno strumento solo con accompagnamento (senza che ciò significhi necessariamente subordinazione) dell'orchestra. Talvolta accade che vengano usati due, tre o anche quattro strumenti solisti, nel qual caso la composizione prende il nome di «doppio concerto», «triplo concerto», «sinfonia concertante», eccettera. Dal classicismo viennese in poi, il concerto consta comunemente di tre movimenti. Come struttura essi corrispondono al primo, secondo e quarto movimento di una sonata (con l'omissione, cioè, del minuetto e trio). Come parte integrante del primo movimento, e talvolta anche degli altri due, viene inserita la *cadenza*. Questa è essenzialmente un'occasione di esibizione tecnica da parte del solista, mentre l'orchestra tace. Generalmente, il suo posto è alla fine della ripresa; ha inizio da un accordo cadenzante di $^6_4$ (Ic) e termina su quello di dominante (V), dove rientra l'orchestra (*tutti*), portando il movimento alla conclusione. In origine il solista improvvisava la cadenza, basandosi sul tema principale del movimento. Ma, da Beethoven in poi, la cadenza venne di solito scritta dal compositore stesso.

Ouverture

L'ouverture è una composizione strumentale che, come il nome suggerisce (da *ouvrir*, aprire), serve ad introdurre un'opera, un oratorio o una composizione del genere. Nelle opere dell'inizio del secolo XVII, quando c'era, non era altro che una specie di richiamo che serviva ad attirare l'attenzione dell'uditorio prima che cominciasse l'opera vera e propria. Da questo frammento, puramente pratico, si svilupparono i due tipi standard di ouverture «francese» e «italiana».

L'*ouverture francese* è connessa al nome di Lully, il musicista di origine italiana che operò alla corte del «Re Sole». Originariamente l'ouverture francese era composta di due sezioni: una *lenta*, scritta in uno stile solenne o addirittura pomposo, con predominanza di ritmi puntati [1]; ed una *veloce*, trattata in uno stile contrappuntistico piuttosto leggero e libero. Spesso questa sezione portava ad un episodio lento, con funzione di coda, che eventualmente si ampliava in una terza sezione. Questa era costituita dal pezzo lento iniziale che veniva ripetuto, oppure da un movimento con carattere di danza aggiunto alle due sezioni principali. L'ouverture del *Messia* di Händel è un famoso esempio del tipo francese.

L'*ouverture italiana* fu introdotta da Alessandro Scarlatti, uno dei fondatori della scuola operistica napoletana, di poco piú giovane di Lully. Tale ouverture constava di tre sezioni, in stile essenzialmente omofono – veloce, lento, veloce; a quell'epoca era detta comunemente «sin-

[1] [Cfr. p. 36].

fonia», intendendo un preludio all'opera vera e propria. Durante il XVIII secolo il tipo francese di ouverture andò lentamente eclissandosi e l'ouverture divenne null'altro che un movimento costruito sul tipo della forma sonata, come l'ouverture del *Flauto magico* di Mozart. Con Wagner, essa fu trasformata in una specie di guida tematica liberamente trattata, che conduce direttamente alla prima scena dell'opera, come nei *Maestri cantori*.

L'*ouverture da concerto* è una composizione orchestrale autosufficiente, senza rapporto con un lavoro operistico, o simile, cui faccia da introduzione. È spesso in forma sonata libera, ma si trovano anche usati altri tipi di forme. Esempi di ouverture da concerto sono *Il carnevale romano* di Berlioz e l'*Ouverture accademica* di Brahms.

D'altra parte, ouvertures che sono in relazione con una composizione teatrale o drammatica vengono spesso eseguite come ouvertures da concerto, come avviene per *Leonora* e *Coriolano* di Beethoven.

Forme vocali

Al contrario del canto «popolare», le cui origini sono anonime, e che cristallizza o svanisce secondo l'istintivo senso estetico del popolo che lo tramanda da una generazione all'altra, il canto «d'arte» è una creazione cosciente e personale di un compositore. Bello o brutto, esso è consegnato alla scrittura, e l'autore ne è pienamente responsabile. A questa categoria appartengono l'aria e il Lied, due termini che significano semplicemente «canto». Tuttavia nell'uso internazionale, sono oggi usati, per distinguere due forme vocali della musica «d'arte».

Aria

L'aria è una composizione per voce solista, costruita secondo un piano formale piú ampio di una semplice canzone, con accompagnamento strumentale. La scelta della sua forma è completamente libera: la forma binaria o ternaria, il rondò, la passacaglia e cosí via, tutte servono bene all'impianto formale dell'aria. L'*aria col da capo* presenta una struttura fissa in tre parti che si conclude con la ripetizione della prima sezione dopo la seconda che contrasta con essa. È un lampante esempio di forma ternaria. L'indicazione *da capo* (abbreviata D.C.) viene segnata al termine dell'aria.

Recitativo

Sebbene non sia una forma musicale vera e propria, il recitativo ha grande importanza in relazione allo stile vocale drammatico (quello cioè dell'opera, dell'oratorio, delle Passioni, eccetera). Esso sta ad indicare uno stile vocale a mezza strada fra il canto e il discorso comune, basato su un testo di tipo narrativo o declamatorio. Nel recitativo, melodia, ritmo e frase musicale sono subordinati alle inflessioni del discorso. A differenza dell'aria, esso non ha una forma definita, essendo la sua vera funzione quella di collegare e di portare avanti lo sviluppo dell'azione, come ad esempio l'Evangelista nella *Passione secondo San Matteo* di Bach. Perciò, il recitativo precede o segue le arie, i cori, eccetera, assicurando in tal modo la continuità dell'azione. I musicisti distinguono due tipi di recitativo, *secco* e *accompagnato*. Nel caso del *recitativo secco* l'accompagnamento del cantante è nulla piú di un seguito di accordi (segnanti di solito le cadenze) suonati da uno strumento a tastiera, rinforzato al basso da un violoncello o da una viola da gamba; nel *recitativo accompagnato* l'accompagnamento è sostenuto dall'orchestra intera o da un gruppo strumentale piú esiguo.

Si possono trovare numerosi esempi di arie, *arie col da capo* e recitativi nel repertorio operistico del secolo XVIII e, in una certa misura, in quello del secolo seguente. È sufficiente menzionare i nomi di Bach, Händel, Mozart, Rossini e Verdi perché ne vengano in mente familiari esempi. A rigore non c'è bisogno di andare oltre il *Messia* di Händel per trovare esempi delle tre forme.

Lied

Il termine Lied viene immediatamente associato al romanticismo tedesco e, soprattutto, al nome di Schubert. Il Lied, per dare una definizione generale, è una canzone basata su un testo poetico con accompagnamento di pianoforte. Ma la caratteristica principale del Lied è che la

sua parte pianistica non è semplicemente un sostegno or-
namentale della canzone, ma forma con essa un tutto unico. Il miracoloso raggiungimento artistico del giovane
Schubert è proprio questa espressione del significato piú
profondo del testo poetico mediante una insuperata unità
di voce e strumento (vedi, di Schubert, *La morte e la fan-
ciulla*, e *Il re degli elfi*). La forma migliore del Lied è quella che esprime il sentimento del testo nel modo migliore.

Un *ciclo* è un insieme di canti (Lieder) collegati da un
filo ideale in modo da formare un tutto unico. Ne sono e-
sempi *La bella molinara* di Schubert e *Amor di poeta* di
Schumann.

Omettiamo una discussione particolareggiata sulla messa, sulla cantata, sull'opera, sull'oratorio e cosí via, sia
per ragioni di spazio, sia perché esse non sono in realtà
forme musicali autonome, ma piuttosto una fusione di
tutte le forme esaminate in questo capitolo. L'opera, ad
esempio, è, o può essere, un gigantesco amalgama di tutte
le forme musicali esistenti, con l'aggiunta di dramma, poesia, prosa, arte scenografica e, in buona misura, danza.

Tale termine non implica una forma particolare, ma è una generica descrizione musicale ispirata a un soggetto non-musicale, ad esempio un quadro, un evento storico o poetico. Qui lo scopo del compositore è quello di illustrare il piú ampiamente possibile, in termini musicali, tale idea non-musicale. Esempi di musica a programma sono la *Sinfonia Fantastica* di Berlioz, il *Till Eulenspiegel* di R. Strauss, e il *Prélude à l'après-midi d'un faune* di Debussy.

Il *poema sinfonico* appartiene alla categoria della musica a programma. Tale termine indica una composizione orchestrale a programma che di solito consta di un movimento in forma sonata liberamente trattata.

Abbiamo cosí esaminato i tipi piú importanti di forme musicali nei quali l'ascoltatore si imbatte con maggiore frequenza. Ovviamente questa introduzione non può comprendere tutte le forme compositive esistenti; esse possono essere studiate sui vari libri consigliati a p. 230.

Parte quarta

Strumenti e voci

Tutte le arti aspirano costantemente alla condizione della musica.

WALTER PATER

La voce umana

La fonte sonora piú antica e spontanea che possa coscientemente dar origine alla musica, è la voce umana. Perciò, sebbene l'oggetto principale di questo capitolo sia una rassegna dei piú importanti strumenti musicali di costruzione artificiale e di uso comune nella pratica concertistica, dobbiamo anteporre poche parole sulla voce umana.

All'inizio del libro abbiamo visto che il fattore essenziale nella produzione del suono è il moto che nasce da un corpo in vibrazione, generante onde di compressione-rarefazione nell'aria. La voce umana si comporta secondo lo stesso principio: il suono è prodotto dalla vibrazione delle due piccole corde vocali tese attraverso la laringe della nostra gola. Queste corde sono poste in vibrazione dall'aria emessa dai polmoni. L'altezza del suono prodotto dipende dalla tensione delle corde vocali. Piú le corde sono tese, piú il suono prodotto è alto e viceversa. Il suono è rinforzato dalle cavità della bocca, naso e testa, che fungono da casse di risonanza. Il timbro della voce dipende dalla qualità e flessibilità delle corde.

Le quattro categorie basilari della voce umana, che sono usate per indicare tanto l'estensione quanto il «colore» del suono, sono: basso, tenore, contralto e soprano (come abbiamo già visto nella seconda parte). Tutte assieme, queste voci coprono il seguente ambito approssimativo:

Esempio 160.

ma i limiti di esso possono essere ampliati in entrambe le direzioni da cantanti solisti. Presentiamo ora per ciascuna voce un esempio scelto fra i piú noti:

al – le – lu – ja,   al – le – lu – ja,   al –

– le – lu – ja,   al – le – lu – ja.

Esempio 161.   Mozart, *Alleluja* dal mottetto *Exultate, jubilate* (soprano).

Er bar – – me dich, — er bar – me dich, mein Gott

Esempio 162.   Bach, Aria dalla *Passione secondo san Matteo* (contralto).

In – ge – mi – sco tamquam re – us   Cul – pa ru – bet vul – tus

– me – us: suppli – can – ti, suppli – can – ti, par – ce   De – us

Esempio 163.   Verdi, *Messa da Requiem* (tenore).

Si noti che la parte di tenore, quando è scritta in chiave di violino, in realtà si esegue un'ottava piú bassa. Solo per ragioni di comodità la si scrive cosí, in modo da adoperare un numero minore di linee supplementari.

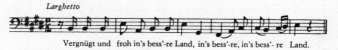

Vergnügt und froh in's bess'-re Land, in's bess'-re, in's bess'- re Land.

Esempio 164.   Mozart, Aria di Sarastro dal *Flauto magico* (basso).

Dobbiamo ora esaminare quei meccanismi chiamati strumenti che producono i suoni artificialmente. Gli strumenti vengono classificati di solito in tre gruppi principali, strumenti a corda, strumenti a fiato e strumenti a percussione.

Strumenti a corda

La categoria degli strumenti a corda comprende tutti gli strumenti in cui il suono viene prodotto dalla vibrazione di corde tese. Gli strumenti a corda si dividono in tre gruppi, secondo il modo in cui vengono originate le vibrazioni: 1) *ad arco*, quando cioè la corda è posta in vibrazione dalla pressione di un archetto (cioè un bastoncino leggermente incurvato all'interno, con crini di cavallo tesi tra i due estremi); 2) *a pizzico*, quando la vibrazione avviene pizzicando una corda; 3) *a martello*, quando la corda è percossa da un piccolo martello.

La famiglia del violino

Il *violino*, la *viola*, il *violoncello* e il *contrabbasso* sono i componenti piú importanti della famiglia degli strumenti ad arco. Sono strumenti di estrema sensibilità, con i quali si possono ottenere le piú delicate sfumature di fraseggio ed intensità.

Il violino raggiunse la sua forma definitiva e insuperata nelle mani delle famiglie Amati, Stradivari e Guarneri. Ciò avvenne durante il XVII e l'inizio del XVIII secolo: da allora non è piú intervenuto alcun importante cambiamento per quanto riguarda la sua costruzione.

L'estensione di un violino è:

Esempio 165.

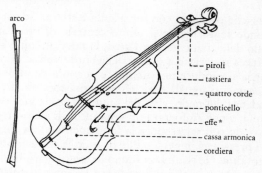

arco — piroli — tastiera — quattro corde — ponticello — effe* — cassa armonica — cordiera

* Facilitano l'uscita del suono dalla cassa armonica.

Esempio 166 (le quattro corde sono intonate su sol_2, re_3, la_3, mi_4).

Il suono viene generalmente prodotto sollecitando la corda con l'arco, mentre le altezze dei suoni vengono «fissate» dalle dita della mano sinistra sulla *tastiera*. Questo fatto ci riconduce ad una importante legge fisica di Pitagora, parimenti valida per gli altri componenti la famiglia del violino: *minore è la lunghezza della corda vibrante, piú alto è il suono, e viceversa*. Quando il violinista sposta la sua mano sinistra sulla tastiera egli non fa che accorciare o allungare il segmento di corda vibrante.

Nella scrittura delle parti per strumenti ad arco, la legatura di frase non indica necessariamente un'unità di pensiero musicale [1], ma, piú spesso, mostra il numero di note da suonare in una sola arcata. La direzione del movimento dell'arco viene indicata, se è necessario, con due segni:

⊓ = in giú; ⋁ = in su.

Alcune particolarità tecniche del violino e famiglia

Gli *armonici* sugli strumenti ad arco si possono ottenere in due modi. Gli armonici «naturali» si ottengono sfiorando appena la corda vuota [2] in un punto determina-

[1] [Cfr. esempi 140, 143].
[2] [Per corda *vuota* (ingl. *open string*, franc. *corde à jour*), si intende la corda in tutta la sua lunghezza, cioè non accorciata dalla pressione delle dita dell'esecutore sulla tastiera].

to, anziché premerla con forza sulla tastiera. Ad esempio, sfiorando leggermente il punto centrale di una corda, e agendo delicatamente con l'arco, la nota ottenuta sarà di un'ottava superiore a quella della corda vuota. Sfiorando la corda si produce un «nodo», e la corda vibra divisa in due segmenti uguali anziché nella sua totalità. In corrispondenza del nodo, cioè del punto in cui la vibrazione è minima, viene rinforzato un armonico (di solito il primo, il secondo o il terzo sopra la fondamentale), la cui intensità è pressoché impercepibile quando la corda vibra nella sua totalità. Ne risulta un suono limpido, quasi freddo nel timbro. Quando si vuole indicare l'armonico naturale si usa il segno o sulla nota richiesta (esempio:).

Quando una nota di altezza «fissata» (cioè premuta da un dito della mano sinistra sulla tastiera) viene combinata con lo sfioramento della medesima corda si ottiene un *armonico artificiale*. Il punto sfiorato è per lo piú una quarta sopra la nota premuta a fondo; ne risulta un suono che si trova due ottave sopra la nota «premuta». Per indicare l'armonico artificiale si usa una losanga bianca al posto della normale nota rotonda.

naturale   artificiale

corda del La   notazione   effetto

Esempio 167.

Il *pizzicato* si ottiene pizzicando la corda anziché sollecitandola con l'archetto. Il *tremolo* si indica aggiungendo alcune lineette trasversali lungo la coda di una nota (cioè), e questo segno sta ad indicare l'esecuzione di arcate molto veloci sulla stessa nota.

Col legno, significa che bisogna toccare le corde con il legno dell'archetto anziché con il crine. *Con sordino*, indica appunto che bisogna usare la sordina. Questa è una piccola morsa che viene messa sopra o vicino al ponticello in modo da impedire la piena risonanza nel corpo dello strumento: l'intensità del suono viene cioè «messa in sordina».

Sul ponticello, è un'indicazione per il violinista che deve agire con l'archetto il piú vicino possibile al ponticello; il risultato è un suono piuttosto aspro, che tuttavia può essere impiegato in certi contesti, originando un effetto misterioso.

Sul tasto è proprio l'effetto opposto indicato da «sul ponticello». Qui l'esecutore deve suonare letteralmente sulla tastiera, e l'effetto è particolarmente vellutato.

Sebbene gli strumenti ad arco siano innanzi tutto di carattere melodico-lineare, è possibile produrre su di essi accordi altrettanto bene che singole note, agendo con l'arco su due o piú corde contemporaneamente.

Ecco un tipico esempio di parte per violino solista.

Esempio 168.   Mendelssohn, *Concerto per violino*.

La *viola* è un po' piú grande del violino, ed in confronto ad esso il suo suono è piuttosto velato.

Le sue quattro corde vuote sono accordate nell'ordine do$_2$ sol$_2$ re$_3$ la$_3$, e la sua parte viene di solito notata in chiave di contralto.

Esempio 169.

L'estensione della viola è:

Esempio 170.

Tutti gli accorgimenti tecnici descritti a proposito del violino sono applicabili alla viola, cosí come anche al violoncello, che è il prossimo componente della famiglia. Ecco un frammento da uno dei temi affidati alla viola nell'*Aroldo in Italia* di Berlioz.

Esempio 171.  ecc.

Il violoncello

Il *violoncello*, o, come viene anche definito, «cello», è una specie di violino «basso», con le quattro corde intonate esattamente un'ottava sotto quelle della viola: do_1 sol_1 re_2 la_2.

Esempio 172.

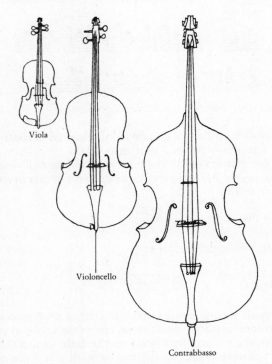

Esempio 173 (i tre strumenti sono disegnati nella stessa scala).

L'estensione di un violoncello è:

Esempio 174.

Il violino e la viola vengono retti dall'esecutore sulla spalla sinistra. Il violoncello, date le sue dimensioni, poggia su un sostegno metallico, il *puntale*, ed è sostenuto fra le ginocchia del suonatore che sta seduto. Il suo suono è molto caldo, morbido e vellutato.

Esempio 175.   Dvořák, *Concerto per violoncello.*

Il *contrabbasso*, in tutta la famiglia degli archi, è quello che ha la voce piú bassa e le dimensioni piú grandi. Differisce dagli altri componenti anche nell'accordatura che non è per quinte (giuste), ma per quarte:

Esempio 176.

L'estensione del contrabbasso è:

Esempio 177.

I suoni reali sono all'ottava piú bassa di quelli scritti.
Questo strumento piuttosto ingombrante poggia su un puntale metallico. A causa delle sue dimensioni l'esecutore deve suonarlo stando in piedi, oppure seduto su uno sgabello particolarmente alto. La sonorità del contrabbasso è piuttosto asciutta, rauca, e tecnicamente parlando esso è molto meno agile degli altri strumenti ad arco. Gli armonici artificiali si possono produrre molto raramente su di esso a causa delle difficoltà di diteggiatura, e gli accordi non sono quasi mai usati, salvo alcuni bicordi, ad esempio La-Mi. In realtà, non è uno strumento solista, e

come tale è raramente usato, ma ha importanza fondamentale nella musica orchestrale perché sostiene al basso
le note fondamentali dell'armonia.

Esempio 178. Schubert, *Sinfonia in si minore «Incompiuta»*
(*NB.*: suoni reali un'ottava sotto).

L'arpa è uno dei pochi strumenti delle età primitive che siano sopravvissuti sino a noi. È composta di una serie di corde di varia lunghezza tese su un telaio. Ogni corda corrisponde a una altezza definita e viene messa in vibrazione pizzicandola con le dita.

Esempio 179 (l'estensione dell'arpa va dal do♭₁ al sol♭₅; questo ampio ambito viene segnato su due righi).

L'arpa moderna è accordata sulla scala diatonica di Do♭. La sua peculiarità tecnica è che le altezze di suono di ogni corda possono essere alterate cromaticamente (ad esempio da Do♭ a Do; da Do a Do♯) con l'uso di sette pedali, azionati dai piedi dell'esecutore. Gli armonici si producono sull'arpa posando leggermente il palmo di una mano a metà della corda e pizzicando la parte superiore con l'altra. Ne risulta un suono che è un'ottava sopra l'altezza normale della corda. Tali armonici sono di misterioso, etereo effetto.

Vi sono due termini tecnici che sono associati in modo particolare all'arpa, cosí come al pianoforte; cioè l'*arpeggio* ed il *glissando*.

L'*arpeggio* consiste nel suonare le note di un accordo una dopo l'altra anziché simultaneamente. Esso è indica-

to con il segno ⨑ prima dell'accordo, e la sua esecuzione è
la seguente:

Esempio 180.

Il *glissando* (dal francese *glisser*, scivolare) applicato
all'arpa, indica l'esecuzione di un velocissimo passaggio
di scala che si ottiene facendo scorrere velocemente le mani avanti e indietro sulle corde.

Ecco alcune battute della parte per arpa nella *Sonata
per flauto, viola ed arpa* di Debussy.

Esempio 181.

Il clavicembalo è un altro celebre strumento a pizzico, precursore del moderno pianoforte.

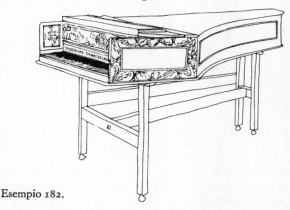

Esempio 182.

Il clavicembalo è uno strumento a tastiera, in cui le corde sono pizzicate da plettri consistenti in becchi di penna. Ciò avviene tramite un meccanismo che collega la tastiera al cosiddetto salterello, un'assicella di legno su cui sono fissati i plettri. Ogni tasto ha il suo proprio salterello che pizzica direttamente la corda corrispondente. L'estensione normale di un clavicembalo è di cinque ottave a partire dal Fa. La sua sonorità è leggermente secca, se paragonata al pianoforte; tuttavia è un ottimo strumento da accompagnamento, e per l'esecuzione della musica concertante del periodo barocco (cui esso stesso appartiene), è altrettanto valido, se non addirittura migliore, del pianoforte. La sua parte viene notata su due righi, come quella dell'arpa e del pianoforte.

6ª variazione   Canone alla seconda

Esempio 183.   Bach, *Variazioni Goldberg*.

Il *pianoforte*

Il piano (piú propriamente pianoforte) è uno strumento nel quale le corde non sono né messe in vibrazione da un arco, né pizzicate, ma percosse da martelletti ricoperti di feltro. Le corde sono tese sopra una tavola armonica che serve a rinforzare il suono, e sono poste in movimento dalla tastiera tramite un meccanismo molto complesso che deriva da quello piú semplice del clavicembalo. Il grande progresso tecnico del pianoforte, rispetto al clavicembalo, è la possibilità di aumentare o diminuire l'intensità del suono con un tocco piú pesante o piú leggero. Ciò offre all'esecutore l'opportunità di una vasta gamma di coloriti sonori irrealizzabili sul clavicembalo (da cui il nome *piano-forte*). In tal modo veniva anche reso possibile un contatto piú stretto, quasi personale, tra l'esecutore e il suo strumento.

Fra i meccanismi del pianoforte sono particolarmente importanti gli smorzatori ed i pedali. Gli *smorzatori* sono pezzettini di legno ricoperti di feltro, che, appena i tasti vengono abbandonati dalla mano del pianista, fermano aùtomaticamente la vibrazione delle corde.

Un pianoforte ha di solito due pedali: quello *di risonanza* (o *del forte*) e il pedale *a una corda* (o *del piano*). Si trovano entrambi sotto la tastiera a comoda portata dei piedi dell'esecutore. Il pedale *di risonanza*, quando viene premuto, solleva tutti gli smorzatori dalle corde: ne risulta che le corde sono libere di vibrare anche dopo che i tasti vengono abbandonati. Premendo il pedale *a una corda*, la tastiera e i martelletti vengono leggermente spostati verso destra, in modo che le corde vengono solo parzialmente colpite. Ne risulta un suono piú delicato, quasi in sordina.

La notazione della musica per pianoforte, come quella per clavicembalo e per arpa, è segnata su due righi.

Esempio 184 (estensione di un moderno pianoforte da concerto).

Esempio 185.

Temperamento equabile

Dobbiamo ora parlare di un argomento di capitale importanza, tanto per l'accordatura degli strumenti a tastiera, quanto per il significato fondamentale che esso ha nel nostro sistema musicale considerato nel suo complesso.

Il fatto è che il nostro sistema musicale è basato su un trucco acustico. Gli intervalli esattamente calcolati, cioè gli intervalli derivati dalla quinta e dalla terza «naturali», producono un fenomeno acustico sgradevole: certe note non si corrispondono enarmonicamente. Ad esempio, il suono reale di Si♯ è *piú alto* del Do naturale. Per passare sopra questa discrepanza intervallare che nasce dal calcolo «naturale», i fabbricanti di strumenti ebbero l'idea di alterare leggermente l'altezza di tutti gli intervalli, eccettuata l'ottava; ciò che fecero con la divisione dell'ottava in dodici semitoni *uguali*. In tal modo certe note diventano enarmonicamente equivalenti (ad esempio, Si♯ = Do naturale). Questo metodo semplificò la costruzione degli strumenti a tastiera: invece di avere due tasti, poniamo, per Si♯ e Do naturale, uno solo divenne sufficiente. Soprattutto ciò rese possibile un sistema tonale ricco di possibilità modulatorie: il «circolo delle quinte», trattato nella prima parte [1], è basato su questo calcolo.

Perciò nel sistema temperato gli intervalli, con la sola eccezione dell'ottava, sono in realtà leggermente fuori tono. Ecco la ragione per cui l'accordatore è stato chiamato l'uomo pagato per mettere i pianoforti fuori tono. Per un vantaggio musicale si è venuti a un compromesso tra scienza ed arte.

[1] [Cfr. p. 63].

Una trionfante conferma artistica del sistema temperato fu data da Bach che, nella raccolta di quarantotto
preludi e fughe dal titolo *Il clavicembalo ben temperato*,
scrisse un preludio ed una fuga per ciascuna delle dodici
tonalità, in modo maggiore e minore. Suonare sui piú an-
tichi strumenti a tastiera nelle tonalità «remote» doveva
essere estremamente complicato. Ma il nuovo sistema non
fu universalmente adottato in Europa fino ben addentro
il xix secolo.

Strumenti a fiato

Finora abbiamo parlato di strumenti in cui il suono viene prodotto dalla vibrazione di corde, sia sollecitate con un arco, sia pizzicate o percosse. In questa parte tratteremo degli strumenti in cui il suono viene prodotto dalla vibrazione di aria in un tubo.

L'aria è posta in vibrazione o direttamente dal suonatore o indirettamente da un mantice (come nell'organo). L'altezza del suono prodotto dipende dalla lunghezza del tubo: *più corto è il tubo, più alto è il suono prodotto.*

Gli strumenti a fiato sono di solito divisi in due gruppi principali – *legni* e *ottoni.* Tale distinzione può in un certo senso sviare per il fatto che un moderno strumento a fiato appartenente alla categoria dei «legni», non è necessariamente fatto di legno, né un «ottone» fatto di ottone. La distinzione perciò non è tanto da attribuire al materiale di cui gli strumenti sono fatti, ma al modo in cui producono un suono, oltreché al loro timbro.

Flauto

Il flauto moderno è fatto a forma di tubo cilindrico, di solito d'argento, terminante ad una estremità con una sezione parabolica («testata»). Lo si regge in posizione orizzontale.

La sua estensione è:

Esempio 186.

Nell'estremità superiore c'è un bocchino (*embouchure*) attraverso cui il suonatore soffia aria nel tubo. I suoni voluti si ottengono chiudendo e aprendo i fori sulla canna del flauto. Cosí facendo infatti il flautista accorcia o allunga la colonna d'aria vibrante nel tubo, producendo altezze di suono differenti secondo il solito rapporto: colonne d'aria corte producono suoni alti, e colonne lunghe producono suoni bassi. È uno strumento estremamente agile, dal suono ricco e puro.

L'*ottavino*, o «flauto piccolo», misura circa la metà della lunghezza di un flauto, è intonato un'ottava sopra ad esso ed ha un suono quanto mai brillante. Per evitare un eccesso di lineette supplementari, le sue note vengono scritte un'ottava piú bassa dei suoni reali.

Ecco due famose melodie per flauto e per ottavino:

Esempio 187.   Debussy, *Prélude à l'après-midi d'un faune.*

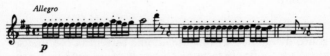

Esempio 188.   Rossini, Sinfonia della *Semiramide.*

Strumenti ad ancia

Numerosi strumenti musicali si servono di un «originatore sonoro» fatto di una piccola, sottilissima linguetta di legno detta *ancia*; una sua estremità è fissata all'imboccatura dello strumento, mentre l'altra estremità vibra liberamente non appena l'aria entra nel tubo, facendo a sua volta vibrare la colonna d'aria all'interno del tubo stesso. Alcuni di questi strumenti hanno due ance vibranti una contro l'altra: per cui si fa distinzione tra strumenti ad ancia semplice e ad ancia doppia.

Oboe

L'oboe è uno strumento a doppia ancia, fatto di legno e con tubo di forma conica. Il suono dell'oboe è un po' nasale, con un carattere pastorale.

La sua estensione è:

Esempio 189.

Ecco una ben nota melodia dalla *Sinfonia in fa minore* di Čajkovskij, nella quale l'oboe, da solo, fa risuonare la sua querula voce.

Esempio 190.

Prima di procedere, dobbiamo occuparci di un importante problema tecnico, quello degli strumenti traspositori. Abbiamo già fatto conoscenza col caso di alcuni strumenti che *producono* suoni un'ottava sopra o un'ottava sotto quelli indicati *per scritto* nelle rispettive parti (ad esempio l'ottavino e il contrabbasso). Ma ciò non origina particolari difficoltà, dal momento che in questi casi la *tonalità* del pezzo non cambia. Ma vi sono proprio alcuni strumenti a fiato i quali non solo producono suoni ad altezza diversa da quelli scritti, ma alterano anche la tonalità e, di conseguenza, la notazione della parte sul rigo; e ciò per ragioni pratiche e per comodità del suonatore. Ci si è accorti, costruendo alcuni strumenti a fiato (come il clarinetto, il corno, la tromba), che alcuni formati dànno migliori risultati sotto il punto di vista del suono e del timbro, facilitando nello stesso tempo il compito del suonatore. Ad esempio, le tonalità piú comode per il clarinetto sono Sib e La, e quindi i clarinetti si costruiscono di solito in una di queste due tonalità. Essi richiedono entrambi la stessa tecnica di diteggiatura, col vantaggio che un clarinettista è in grado di suonare entrambi i clarinetti con eguale facilità.

Con ciò veniamo al problema della trasposizione: in virtú della quale le note delle parti di questi strumenti sono scritte ad una *altezza* che non corrisponde ai *suoni* realmente prodotti. L'esecutore legge la musica nella tonalità piú comoda per sé e per il suo strumento senza badare alla tonalità effettiva della composizione, ma il suono che esce si trasporta automaticamente all'altezza giusta. Ad esempio, una scala in Sib maggiore affidata ad un clarinetto in Sib è *scritta* in Do maggiore, ma *suona* in Sib, cioè un tono intero sotto la notazione. Ciò è particolarmente utile in una composizione in cui l'armatura della chiave preveda molti diesis o bemolli. Chi suona uno strumento traspositore ha *meno* accidenti nella sua parte; per lui non esiste il problema del trasporto: egli suona proprio ciò che è scritto. La difficoltà nasce solo dal punto di vista del direttore d'orchestra o di qualsiasi lettore della partitura completa. Questi infatti devono sapere e ricordare quali strumenti debbono essere trasposti – e di quanto –, ogni volta che leggono la partitura al pianoforte, o «ascoltano» mentalmente l'altezza reale dei suoni emessi dagli strumenti traspositori. Il che non è affatto facile, e richiede una lunga e intensa pratica. Al lettore medio può essere di aiuto notare che, come sul pianoforte la tonalità piú semplice è il Do maggiore (perché non ha accidenti), allo stesso modo, su uno strumento traspositore la tonalità piú semplice è sempre quella in cui è stato intonato lo strumento costruendolo. Perciò per sapere, ad esempio, di quanto deve essere trasportata la parte di una tromba in Mib, basta pensare semplicemente alla differenza tra Mib e Do, e la risposta sarà di una terza minore. In tal modo si può sempre calcolare la differenza tra i suoni *scritti* e quelli *reali* anche del meno comune degli strumenti traspositori. Accadrà, con tale accorgimento, che talvolta l'altezza del suono reale sia posta un'ottava piú alta o piú bassa del necessario, ma almeno la tonalità sarà giusta ed un'ulteriore esperienza eliminerà presto anche tale imprecisione.

Corno inglese

Il *corno inglese* è in realtà un oboe contralto ed è intonato una quinta sotto l'oboe: è il primo strumento traspositore col quale facciamo conoscenza. La sua parte viene scritta una quinta sopra il suono reale, come vediamo nell'esempio 191.

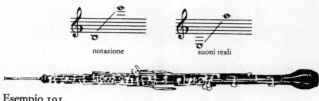

Esempio 191.

Il corno inglese è, come l'oboe, uno strumento ad ancia doppia, con una delle estremità terminante a forma di pera. Il suo suono è piú pieno di quello dell'oboe, con una espressività di carattere melanconico, se non proprio tragico.

Esempio 192.   Dvořák, *Sinfonia «Dal nuovo mondo»*.

Clarinetto

Il *clarinetto*, diversamente dagli strumenti simili all'oboe, è uno strumento ad *ancia semplice*, fatto di legno o di ebanite e di canna cilindrica. Tecnicamente è uno degli strumenti a fiato di maggiore agilità, disponendo di un'ampia estensione nella quale si possono eseguire efficacemente passaggi veloci, arpeggi, alternanze di colorito e cosí via.

Esempio 193.

Il clarinetto è uno strumento traspositore. Oggigiorno, i clarinetti di uso comune sono quelli in Sib e in La. La parte di un clarinetto in Sib si scrive un tono sopra il suono reale, quella di un clarinetto in La una terza minore sopra il suono reale. L'estensione di questi due strumenti è la seguente:

suoni reali del Clarinetto in Sib   notazione   suoni reali del Clarinetto in La

Esempio 194.

La sonorità di un clarinetto è estremamente varia. Uno dei suoi timbri peculiari è il cosiddetto registro *chalumeau* (dal nome di uno strumento a fiato medievale), che è l'ottava piú bassa della sua estensione. Le note suonate all'interno di questa ottava hanno un suono inconfondibilmente scuro e vellutato. I registri superiori sono limpidi e molto espressivi; il clarinetto viene spesso chiamato il «violino» degli strumenti a fiato.

Esempio 195.   Brahms, *Quintetto con clarinetto* op. 115. (NB.: suoni reali una terza minore sotto).

Il *clarinetto basso*, dalla sonorità molto calda, è intonato in Sib e produce suoni posti una nona maggiore sotto quelli segnati per iscritto.

Fagotto

Il *fagotto* è uno strumento ad ancia doppia e di tubo conico. Il tubo è molto lungo, e per renderlo piú maneggevole è ripiegato in due.

L'estensione del fagotto è:

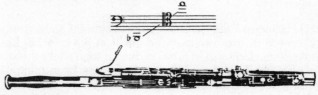

Esempio 196.

È il «violoncello» degli strumenti a fiato e possiede u-
na sonorità ricca e profonda, specialmente nel registro
basso. Una caratteristica del fagotto, spesso sfruttata, è
la sua innegabile *vis comica*, quando venga usato in un
certo modo. Lo si potrebbe definire il clown dell'orchestra; ma come tutti i clown, può essere talvolta melanconico come nessun altro. È uno strumento non traspósito-
re (cioè suoni scritti e suoni reali coincidono). Si noti tuttavia che per le ottave piú basse si usa la chiave di basso e
per le piú alte la chiave di tenore.

Esempio 197.   Čajkovskij, *Sinfonia «Patetica»*.

Il *controfagotto*, equivalente al contrabbasso nella famiglia dei legni, produce suoni posti un'ottava sotto quelli scritti.

Ottoni

Corno

Il corno (spesso chiamato «corno francese» o «a cilindri») è uno strumento di ottone con un lungo tubo conico avvolto a spirale che termina con un largo padiglione a campana. Il suo bocchino è a forma di imbuto. La caratteristica tecnica del corno, e degli ottoni in genere, è che la produzione del suono è regolata dalle labbra dell'esecutore che fungono da doppia ancia quando sono premute contro il bocchino.

In origine il cornista poteva solo produrre un limitato numero di note sul suo strumento, variando semplicemente la pressione delle labbra e soffiando. Ma, nel XIX secolo, con l'ingegnosa invenzione del meccanismo a cilindri tale limitazione fu superata. La lunghezza della colonna d'aria nel corno è ora resa variabile per mezzo di pistoni, un meccanismo che, a piacere dell'esecutore, apre o chiude la circolazione dell'aria in parti aggiunte di tubo (o *ritorti*) messe in comunicazione con il tubo principale. I corni hanno generalmente tre pistoni – in corrispondenza di tre ritorti di varia lunghezza – che permettono all'esecutore di produrre almeno una scala cromatica completa.

Il corno è uno strumento traspositore, oggi intonato generalmente in Fa; ciò significa che i suoni reali si trovano una quinta sotto quelli scritti, per i quali si usano le chiavi di basso e di violino. La sua estensione è:

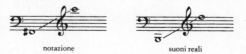

notazione   suoni reali

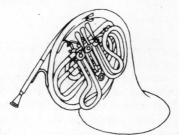

Esempio 198.

e i suoni reali sono una quinta sotto. Quando il corno è in Do i suoni reali sono un'*ottava* sotto.

Ricorrendo ad alcuni accorgimenti si possono ottenere sul corno speciali effetti sonori, quali i «suoni chiusi», in «sordina» e i cosiddetti «suoni cuivrés». I *suoni chiusi* si indicano generalmente con il segno + sopra la nota, e si ottengono introducendo la mano nel padiglione. La colonna d'aria contenuta nel tubo viene in tal modo accorciata, ed il suono cresce di un semitono, acquistando un timbro attutito e nasale. Abbiamo già incontrato la *sordina* parlando degli strumenti ad arco. Nel caso del corno l'effetto è lo stesso: una velatura del suono, e si ottiene introducendo un oggetto di legno a forma di pera nel padiglione. *Cuivré* è la definizione per un suono sforzato, *metallico*, che si ottiene con una tensione supplementare delle labbra dell'esecutore, non soltanto quando lo strumento è aperto, ma anche quando è in sordina, o «chiuso».

La sonorità del corno è molto espressiva; va da suoni di grande dolcezza ad effetti molto aspri. Ecco un celeberrimo esempio, scritto per quattro corni. (Ricordate di trasportare una quinta sotto).

Corni in Fa

Esempio 199.   Richard Strauss, *Don Giovanni*.

Tromba

La tromba può essere considerata come il «soprano» fra gli strumenti di ottone. Al contrario del corno, ha il tubo cilindrico, eccetto l'ultimo quarto della sua lunghezza, ed il bocchino a forma di tazza. La storia dello sviluppo tecnico della tromba è molto simile a quella del corno: in origine la produzione dei suoni era limitata alla serie degli armonici relativi alla nota in cui lo strumento era intonato, ma con l'adozione del meccanismo a cilindri anche la tromba è divenuta uno strumento cromatico. I cilindri dello strumento sono tre.

Di solito la tromba è in Do, Sib o La. Quando è in Do non è strumento traspositore, ma nel caso di una tromba in Sib e in La, il trasporto è come quello del clarinetto. La sua estensione è:

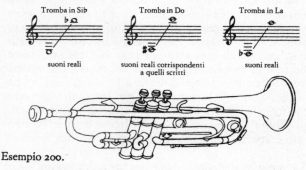

Esempio 200.

La tromba ha una voce molto penetrante, che può facilmente diventare volgare. Tecnicamente, è uno strumento di grande agilità, salvo il caso di passaggi molto veloci in cui, ovviamente, sorgono problemi di respirazione.

Esempio 201.   Beethoven, ouverture *Leonora*.

I tromboni

Il trombone occupa un posto a sé tra gli strumenti dell'orchestra perché apparve già nella sua forma attuale fin dal secolo XV (quando si chiamava «sackbut»)[1]. Da allora non si rese necessaria alcuna importante innovazione tecnica. È di tubo cilindrico terminante a forma di campana, con il bocchino a forma di tazza. Le note volute si ottengono muovendo avanti ed indietro quel tubo scorrevole detto *coulisse*: questa è in realtà la seconda parte dello strumento che *scivola* dentro la prima a volontà dell'esecutore, che in tal modo allunga o accorcia la colonna d'aria contenuta nel tubo. Il metodo di esecuzione ha perciò qualcosa in comune con quello del violino; in entrambi i casi il musicista deve «sentire» ad orecchio la giusta intonazione delle note.

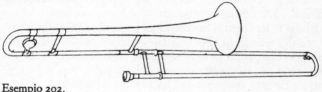

Esempio 202.

I tromboni piú comunemente usati sono i tromboni tenori (in Sib) e i tromboni bassi (in Sol). Sono strumenti non traspositori e le loro estensioni sono:

Esempio 203.   Trombone tenore   Trombone basso

La sonorità del trombone è maestosa, ed in qualcosa è simile a quella della tromba (da cui del resto deriva), sebbene naturalmente il trombone basso sia molto piú pieno e vigoroso nel registro inferiore. Parti solistiche per trom-

---

[1] [Termine derivato dallo spagnolo *sacabuche* (tubo a tiro) o dal francese medievale *sacqueboute* (tira-spingi)].

bone sono rarissime; è comune invece il trattamento dei
tromboni a piccoli gruppi. Le parti sono scritte di solito
in chiave di basso.

Esempio 204.   Wagner, ouverture del *Tannhäuser*.

Tuba

Tra gli ottoni, la *tuba* è lo strumento dalla voce piú
bassa. Essa unisce il tubo conico e il meccanismo a cilindri del corno, con il bocchino a forma di tazza della tromba e del trombone. Ha quattro o cinque pistoni, che con-
sentono di produrre una completa scala cromatica. La tuba usata piú frequentemente è il bassotuba, uno strumento in Fa non traspositore. La sua estensione è:

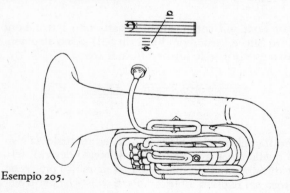

Esempio 205.

Si usa raramente come strumento solista, ma la si sente
spesso combinata con altri strumenti al fine di rinforzare
la parte del basso.

Esempio 206.   Musorgskij-Ravel, *Quadri d'una esposizione.*

Strumenti a percussione

La percussione e lo scuotimento di vari materiali per originare suoni ritmati è probabilmente il sistema piú antico e spontaneo di fare musica strumentale. Il termine «percussione» si riferisce a tutti quegli strumenti che producono suoni quando sono direttamente colpiti o scossi dall'esecutore. Fra questa numerosissima famiglia, gli strumenti di uso piú noto e comune sono: i timpani, la gran cassa, il tamburo militare, i piatti, il triangolo ed il tamburello. Gli strumenti a percussione si possono dividere in due categorie: quelli che dànno un suono di altezza definita (a suono determinato) e quelli che dànno un suono di altezza indefinita (a suono indeterminato).

Timpani

I timpani sono strumenti a percussione di altezza definita, che constano di un bacino a forma di «coppa», o conchiglia, fatta normalmente di rame, sulla cui sommità è tesa una sottile pelle di vitello. La pelle è tenuta tesa da un anello metallico regolabile per mezzo di viti. Il timpanista può cambiare la tensione della membrana, e di conseguenza l'altezza dei suoni, stringendo o allentando le viti. Nei timpani moderni questa operazione può essere fatta per mezzo di pedali che rendono anche possibili i *glissandi*. Il suono si ottiene colpendo la membrana con un paio di bacchette dall'impugnatura di legno e dalle estremità ricoperte di feltro.

I timpani sono usati raramente da soli; di solito si usano a paio, o piú, uno piú piccolo per le note piú alte ed uno piú grande per le piú basse.

L'estensione di un paio di timpani è:

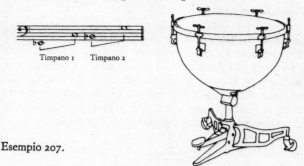

Esempio 207.

L'altezza delle note si segna in chiave di basso. Un noto effetto che si può produrre sui timpani è il «rullio» o tremolo, che consiste semplicemente in una velocissima ripetizione della stessa nota. Si indica con il segno ～～～ sopra le note.

Gran cassa

La gran cassa è un grande tamburo che produce un suono basso di altezza indefinita che si ottiene colpendo la membrana con una mazza la cui estremità è ricoperta da un soffice feltro. La sua parte, limitata alla pura notazione del ritmo voluto, è scritta in chiave di basso sulla nota Do.

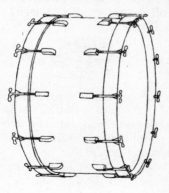

Esempio 208.

Tamburo militare

Il tamburo militare è un piccolo tamburo a suono indeterminato con due membrane rigidamente tese sulle
due facce di una cassa metallica. Sulla faccia inferiore sono anche tese fibre di metallo o minugia, spostabili a volontà, che, vibrando in simpatia[1], dànno allo strumento
quel caratteristico suono brillante. L'esecutore colpisce la
faccia superiore con due bacchette di legno duro.

Esempio 209.

Sul tamburo militare è possibile ottenere un rullio e-
stremamente veloce data la rigidità della membrana tesa
che consente all'esecutore di sfruttare il rimbalzo delle
bacchette. La parte del tamburo militare, puramente ritmica, è notata di solito in chiave di violino sulla nota Do.

Tamburello

Il tamburello è un piccolo tamburo con una sola faccia, e con piccoli dischi metallici (sonagli) inseriti liberamente intorno al telaio.

Esempio 210.

L'esecutore può colpirlo o scuoterlo con la mano. In
entrambi i casi, i dischetti metallici dànno un effetto di
sonagliera. La sua parte viene notata o in chiave di violino sul sol$_3$, o semplicemente indicata su una linea singola, nel modo seguente (es. 211).

[1] [Cfr. p. 24].

Esempio 211. Tamburello $\frac{2}{4}$ 𝄽 ♩♩♩♩ | ♪ ecc.

Piatti

I piatti sono forse i piú «fracassoni» di tutti gli strumenti a percussione: sono una coppia di piatti circolari di ottone, leggermente concavi. Al centro di ognuno di essi è una maniglia di pelle.

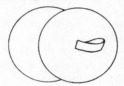

Esempio 212.

Il suono, di altezza indeterminata, è di solito prodotto dalla percussione di un piatto contro l'altro. Talvolta però si fa uso di un piatto singolo, che in questo caso viene colpito da una o due bacchette. La sua parte si nota di solito in chiave di basso. Vi sono due termini tecnici da ricordare a proposito dei piatti: «lasciar vibrare», che significa che i piatti devono essere lasciati in vibrazione fino a quando il suono si estingue; e «secco», quando si vuole un suono interrotto bruscamente o soffocato.

Triangolo

Il triangolo, come dice lo stesso nome, è una sbarretta cilindrica di acciaio, piegata a forma di triangolo. Il suono si produce colpendolo con un piccolo batacchio, anch'esso di acciaio.

Esempio 213.

Il suono, di altezza indeterminata, è estremamente luminoso e, in realtà, cosí brillante che è in grado di farsi udire anche al di sopra di qualsiasi *fortissimo* orchestrale. La sua parte si nota o in chiave di violino o su di una sola linea, come per il tamburello.

I lettori interessati alla evoluzione storica degli strumenti e che desiderano ampliare le loro nozioni su molti altri strumenti (particolarmente a percussione) usati talvolta nell'orchestra moderna, possono approfondire l'argomento con l'aiuto dei libri suggeriti alla pagina 230. Per completare questo capitolo, alle pp. 197-99, diamo una ricapitolazione delle estensioni di tutti gli strumenti incontrati e, in specchio, la disposizione usuale di un'orchestra sinfonica, con coro, al completo.

Si badi che la disposizione di un'orchestra varia spesso secondo il desiderio del direttore. Quella presentata qui è la piú comune.

Il numero degli strumenti componenti un'orchestra può variare di molto, ma un'orchestra sinfonica completa ha circa trenta violini, che sono divisi in due gruppi (violini primi e secondi), circa dieci viole, dieci violoncelli e da quattro a otto contrabbassi. Fra i fiati, i legni sono quasi sempre a coppie[1], cioè: due flauti (con un ottavino), due oboi (con un corno inglese), due clarinetti e due fagotti. Gli ottoni constano normalmente di due trombe, da due a quattro corni, tre tromboni ed un basso tuba. A questi si aggiungono gli strumenti a percussione secondo le esigenze della partitura.

[1] [Cfr. nota 2 a p. 22].

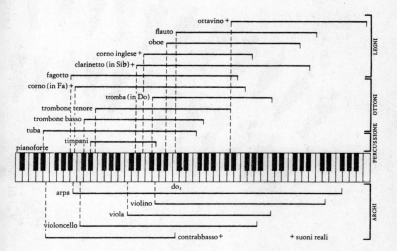

Esempio 214.   Estensioni degli strumenti ad arco, a percussione, a fiato riferiti alla tastiera del pianoforte.

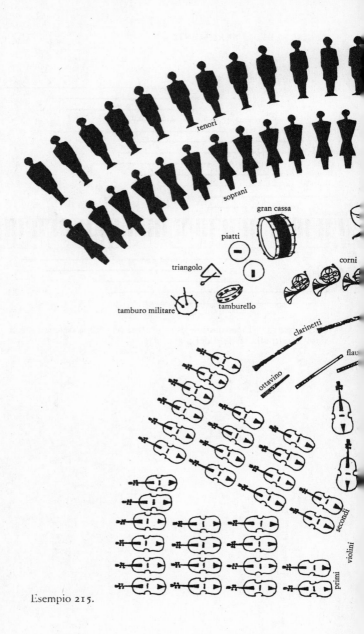

Esempio 215.

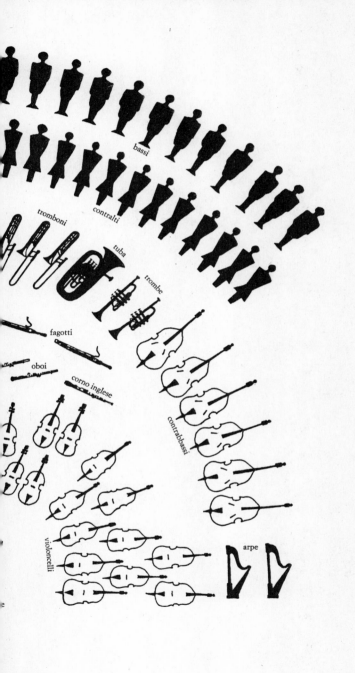

Parte quinta
Partitura e lettura della partitura

La musica, sotto qualsivoglia suono o struttura si presenti, non è altro che rumore senza significato finché non raggiunge una mente capace a riceverla.

HINDEMITH

Partitura

Il termine «partitura» sta generalmente a indicare la presentazione scritta della musica eseguita da un complesso (vocale, da camera e sinfonico) disposta in modo tale che il lettore è in grado di vedere *contemporaneamente* tutte le parti, e perciò la musica nel suo complesso, al contrario del singolo esecutore che è invece principalmente occupato nella lettura della sua parte. Come semplice illustrazione di ciò, ecco le prime cinque battute tratte da ciascuna parte del *Trio per archi* in Mib K 563 di Mozart:

Esempio 216.

Nella partitura le parti sono disposte verticalmente una sotto l'altra, sui rispettivi righi, permettendo cosí al lettore di avere una visione globale della musica. Ecco ora la *partitura* di questo Trio.

Esempio 217.

Tale principio è valido per tutti i generi di partitura, piccole e grandi.

Ora, come si *legge* una partitura? Prima di tutto dobbiamo fare una netta distinzione tra *leggere* e *suonare* una partitura. Lettura della partitura vuol dire essere in grado di farsi un'idea essenziale, cioè *ascoltare mentalmente* una musica scritta per un complesso. Suonare una partitura comporta, in più, la capacità di riprodurla sul pianoforte. Ciò richiede una considerevole destrezza tecnica che nemmeno tutti i musicisti possiedono, e a volerla acquistare c'è rischio di distruggere l'entusiasmo di chi sia completamente inesperto del pianoforte. Per questo motivo, in questo capitolo tratteremo della *lettura* della partitura piuttosto che della sua realizzazione al pianoforte.

Il requisito piú importante per accostarsi ad una partitura è possedere una capacità di «immaginazione» uditiva coscientemente educata, facoltà che può essere ottenuta da chiunque non sia insensibile ai suoni. Certo, acquistarla non è facile, e non si ottiene semplicemente leggendo libri. La capacità di leggere una partitura è il risultato di una lunga pratica e di un'attiva esperienza musicale. Ma il piacere di rendersi conto con l'intelligenza di che cosa succeda nella partitura, ricompensa di gran lunga ogni sforzo fatto a questo scopo.

Forse è superfluo avvertire che il procedimento della lettura di una partitura non assomiglia alla lettura di un romanzo o di una novella. Se si potesse in linea di massima fare un paragone fra i due generi di lettura, la si potrebbe avvicinare piuttosto alla lettura di un dramma in versi, facendo bene attenzione a tutte le indicazioni per la realizzazione scenica. Chi ha già visto o sentito una commedia può automaticamente ricordare, quando legge, l'azione, la scenografia, i colori dei costumi e cosí via, con la stessa vivezza della reale rappresentazione scenica. Qualcosa di simile avviene per un esperto lettore della partitura.

È di grande importanza la conoscenza *sonora* (cioè diretta) della musica, cosí come la familiarità con la sua tecnica generale. Quanto piú si è a conoscenza dello stile, del linguaggio e della tecnica dei vari compositori, tanto piú è facile *resuscitare* mentalmente la musica dalla partitura. In effetti piú della metà del «mistero» della lettura della partitura, consiste semplicemente nel possedere ben sviluppate una *immaginazione uditiva* e una *memoria musicale*; il che non significa soltanto ricordare i motivi, ma ricordare altrettanto bene e ri-ascoltare mentalmente i vari accordi, timbri e coloriti del brano musicale. Una persona che ami la *Quinta Sinfonia* di Beethoven e che, naturalmente, sappia leggere la musica, *riconoscerà*, vedendo questo esempio:

Esempio 218.

il motivo caratteristico del primo movimento e, allo stesso tempo, ne *ascolterà* mentalmente (o ricorderà) l'effetto orchestrale. Con tale elementare attitudine, la speranza di imparare a leggere una partitura è ben fondata.

Lettura orizzontale e verticale

La facoltà di riconoscere le melodie principali di una partitura, o, in altre parole, l'accostarsi ad essa in senso *orizzontale*, è abbastanza facile da conseguire e può dare al futuro lettore di partitura la sua prima soddisfazione. Se siete stati in grado di seguire gli esempi nel corso di questo libro, riconoscerete con una certa facilità la melodia in una partitura del periodo «classico». Quasi sempre, potrete rendervi immediatamente conto a quali strumenti sia affidata la melodia principale; gli archi, spina dorsale dell'orchestra, certamente la suoneranno prima o poi (spesso sono i violini a farla udire per primi) e la si potrà rintracciare tra gli altri strumenti ad ogni apparizione.

Riconoscere i temi, le melodie e le varie figurazioni melodiche e ritmiche è ovviamente molto importante, ma altrettanto importante è riconoscere e percepire le armonie.

Esaminiamo le funzioni armoniche degli accordi nei due esempi che seguono, uno strumentale e uno vocale. Il primo è l'apertura del *Quartetto in Do maggiore* di Haydn.

Esempio 219.

Il secondo è un famoso coro dal *Messia* di Händel.

Esempio 220.

Riassumendo gli argomenti di cui abbiamo parlato fin qui, possiamo dire che per leggere una partitura bisogna avere: una conoscenza teorica; un orecchio esercitato, che permette di ascoltare mentalmente la musica scritta; una certa familiarità con il linguaggio di un compositore e del periodo storico cui appartiene.

Ma qualcuno potrebbe chiedere: «Cosa fare quando si è completamente digiuni di ogni pratica di lettura della partitura?» La risposta è semplice: si deve prendere in esame la partitura battuta per battuta, con attenzione particolare, e leggere ogni parte separatamente, finché l'orecchio *sente* l'immagine sonora nel suo complesso.

Fin qui i nostri esempi di partiture sono stati relativamente semplici, fondati sulla combinazione di tre o quattro parti. Ora vedremo come si può applicare lo stesso principio in scala piú ampia, in una partitura che implichi un grande numero di strumenti.

Un insieme orchestrale dei piú comuni è l'orchestra d'archi, i cui strumenti sono: primi violini, secondi violini, viole, violoncelli e contrabbassi. Prendiamo come esempio le prime battute della serenata *Eine kleine Nachtmusik* di Mozart.

Esempio 221.

Il tema di apertura, nel genere di una fanfara, non presenta alcun problema: l'unica cosa da ricordare è che il suono reale del contrabbasso è un'ottava piú basso di quello indicato sulla parte. Chi legge una partitura vedrà che la parte del contrabbasso viene spesso scritta sul rigo del violoncello per ragioni di spazio. Ciò viene sempre indicato all'inizio della partitura con la dicitura: *violoncello e contrabbasso* (abbreviata: *Vc. e Cb.*).

Abbiamo visto nella parte quarta che gli strumenti vengono raggruppati in quattro categorie fondamentali e che in un'orchestra ognuna di esse ha il suo posto e la sua funzione caratteristica; ovviamente, ciò deve essere indicato

Esempio 222.

ben chiaramente in una partitura. L'ordine convenzionale per i vari strumenti, cominciando dall'alto della partitura è: legni, ottoni, percussione, archi.

Come esempio di una partitura orchestrale, cfr. le battute di inizio della *Sinfonia «Jupiter»* di Mozart (es. 222). Qui è facile cogliere a colpo d'occhio la melodia principale, dal momento che la maggior parte degli strumenti suonano in unisono o in ottava per le prime due battute. Poi i primi violini assumono chiaramente il ruolo di guida.

Ora daremo uno sguardo ad alcune battute del movimento lento di questa sinfonia, cercando di capire che cosa succede sotto l'aspetto melodico e armonico.

Esempio 223.

Il movimento è in Fa maggiore, in misura di 3/4, l'indicazione del tempo è *andante cantabile*. Vi sono *corni in Fa*, che devono essere trasportati una *quinta sotto* la loro parte scritta, e, non dimentichiamo, i contrabbassi che suonano un'*ottava sotto* la parte scritta. Gli archi sono *con sordino*. La melodia di apertura è suonata *piano* dai primi violini; al terzo tempo della battuta, entrano gli altri archi, dando un sostegno armonico alla melodia (tonica-dominante); al secondo tempo della seconda battuta, i fiati si uniscono per dare il colore e la consistenza del *forte*. L'accordo qui è V⁷c, in tonalità di Fa maggiore. Alla terza battuta, il gruppo dei primi violini guida di nuovo il discorso con la melodia d'apertura questa volta partendo un grado piú in alto dell'inizio, ed al terzo tempo della battuta entrano di nuovo gli altri archi, ora però con una nuova armonia (V⁷d-Ib). Come alla seconda battuta, il *forte* della quarta battuta è suonato da tutta l'orchestra; l'accordo è ora Ib.

Esempio 224.

Se prendiamo in esame i due accordi suonati dall'orchestra completa, come se fossero scritti sui due righi del pianoforte (vedi l'esempio sopra), possiamo notare tre cose:

1) la tessitura dell'arrangiamento strumentale abbraccia un largo ambito della tastiera del pianoforte;
2) i vari strumenti, specialmente i fiati, sono «impastati» e fusi insieme in un'unità omogenea ed equilibrata;
3) le varie note dell'accordo fondamentale sono raddoppiate dai vari strumenti, per modo che questi due accordi,

Esempio 225.

assegnati a un *tutti* orchestrale, assumono l'aspetto dell'esempio 224.

L'ultimo punto è di particolare importanza per il lettore della partitura. Esso, infatti, mostra che l'*arrangiamento* orchestrale di un accordo appare spesso piú complicato di quanto non sia l'accordo stesso; un accostamento graduale e tranquillo alla partitura può rendere facilmente comprensibile ciò che a prima vista si presenta come un caos di note.

L'esempio 226 mostra le prime battute del *Concerto per pianoforte* in la minore di Schumann. La parte del solista si trova sempre direttamente sopra gli archi. Dopo l'apertura, costituita dalla sola dominante, il pianoforte prende l'iniziativa con una drammatica efflorescenza; quindi l'oboe afferma il tema, accompagnato da clarinetti, fagotti e corni, e l'armonia termina con una cadenza $^6_4$-V. Quindi il pianoforte ripete il tema, terminando con un accordo di tonica [1].

Per finire, si veda un breve frammento dall'ultimo movimento della *Nona Sinfonia* di Beethoven, in cui alla piena orchestra si aggiunge un coro (es. 227). Lasciamo che il lettore lo commenti da sé.

---

[1] [L'indicazione «sul Sol» nella parte inferiore di p. 215, sopra al rigo dei violini primi, vuol dire che le note cui si riferisce vanno suonate sulla corda del Sol (quarta corda)].

Esempio 226 (per i nomi degli strumenti cfr. Appendice III).

segue Esempio 226.

segue Esempio 226.

Esempio 227.

Appendici

I.

Figurazioni

Il lettore avrà osservato che, in alcuni degli esempi musicali presentati, le melodie erano ricavate da un accordo (o viceversa). Cioè, le note di un accordo venivano usate non simultaneamente, ma successivamente, dando origine a una linea melodica (vedi gli esempi 84, 145). Questo procedimento che unifica la melodia entro un accordo fu, ed è tuttora, molto comune nella composizione musicale. Un accorgimento tecnico simile, anche se più semplice e più ovvio, è la figurazione di accordi «spezzati» che fu in gran favore nell'accompagnamento di melodie durante il periodo classico. Ecco come si presenta la triade di Do maggiore in alcune delle sue più comuni figurazioni:

Esempio 228. 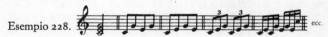 ecc.

Questo stereotipato metodo di accompagnamento ad accordi «spezzati», quando venga usato al basso, prende di solito il nome di «basso albertino», dal nome di Domenico Alberti, compositore italiano del XVIII secolo, al quale ne viene convenzionalmente attribuita l'invenzione.

II.

Sistema Tonic Sol-Fa (solfeggio)[1]

Tonic Sol-Fa è un sistema usato per cantare su sillabe la musica «a vista» e per esercitare l'orecchio. Il principio del metodo è che ogni grado della scala è contraddistinto da una sillaba facilmente cantabile: do, re, mi, fa, sol, la, ti [*sic*], do. (Le sillabe presentano talvolta leggere variazioni di pronuncia[2]). Il grande vantaggio di questo metodo è che esso insegna a leggere la musica a prima vista, senza ausilio dello strumento, poiché con il sistema del «do mobile» le sillabe, e quindi gli intervalli corrispondenti, restano identici in ogni tonalità; cioè a dire, do-sol significherà un intervallo di quinta sia che lo si pensi in Do Maggiore, sia in Do♯ maggiore. Sicché con tale metodo è altrettanto agevole cantare in Do maggiore che, poniamo, in Fa♯ maggiore: il *do* in ogni caso starà a significare la tonica della scala. Allo stesso modo il *la* denoterà sempre la tonica di ogni scala minore. Donde il nome inglese del sistema: *Tonic* Sol-Fa.

Fu Guido d'Arezzo (cfr. p. 27) l'ideatore del sistema; egli si serví delle prime sillabe dell'inno latino *Ut queant laxis* come accorgimento mnemonico per ricordare le altezze relative dei gradi della scala:

Ut que-ant la - xis re - so - na - re fi - bris Mi - - ra ge-

---

[1] [Il sistema, basato sulla indipendenza e variabilità della corrispondenza sillaba-suono, diffuso in Inghilterra, America e oggi anche nei paesi slavi, non è praticato in Italia. Il nostro *Solfeggio*, in realtà, se ne distingue nettamente in piú aspetti].

[2] [Ad esempio, in ingl.: *doh, ray, me, fah, soh, lah, te, doh*].

Esempio 229.

Ut in seguito divenne do[1], e piú tardi vennero ancora introdotte le note ti, per indicare la sensibile delle tonalità maggiori, e si, per indicare la sensibile delle tonalità minori. Un ulteriore passo avanti fu l'indicazione delle note diesizzate mediante di, ri e fi e di quelle bemollizzate mediante lo, ma, ra e ta. Gli esempi seguenti illustrano il funzionamento del sistema.

Esempio 230.

Esempio 231.

[1] [Pare sia stato introdotto dall'erudito Giovanni Battista Doni (1594-1647), traendolo dalla prima sillaba del suo nome. La prima testimonianza del suo impiego si trova in *Seminarium modulatoriae vocalis* di Otto Gibelius (Celle, 1645)].

III

Nomi stranieri degli strumenti musicali

In una partitura i nomi degli strumenti sono talvolta dati in tedesco, inglese o francese. L'elenco che segue dà i nomi stranieri di tutti gli strumenti di cui ci siamo occupati nella parte quarta, nell'ordine in cui appaiono in una partitura.

ITALIANO	TEDESCO	INGLESE	FRANCESE
Flauto piccolo (o Ottavino)	*Kleine Flöte*	*Piccolo*	*Petite Flûte*
Flauto	*Flöte*	*Flute*	*Flûte*
Oboe	*Hoboe*	*Oboe*	*Hautbois*
Corno inglese	*Englisch Horn*	*Cor Anglais*	*Cor Anglais*
Clarinetto	*Klarinette*	*Clarinet*	*Clarinette*
Clarinetto basso (o Clarone)	*Bassklarinette*	*Bass Clarinet*	*Clarinette basse*
Fagotto	*Fagott*	*Bassoon*	*Basson*
Controfagotto	*Kontrafagott*	*Double Bassoon*	*Contre-Basson*
Corno	*Horn*	*Horn*	*Cor*
Tromba	*Trompete*	*Trumpet*	*Trompette*
Trombone	*Posaune*	*Trombone*	*Trombone*
Tuba	*Tuba*	*Tuba*	*Tuba*
Timpani	*Pauken*	*Timpani*	*Timbales*
Triangolo	*Triangel*	*Triangle*	*Triangle*
Tamburello	*Schellen-trommel*	*Tambourine*	*Tambour de Basque*
Piatti	*Becken*	*Cymbals*	*Cymbales*
Grancassa	*Grosse Trommel*	*Bass Drum*	*Grosse Caisse*
Tamburo militare	*Kleine Trommel*	*Side-drum*	*Tambour militaire*

ITALIANO	TEDESCO	INGLESE	FRANCESE
Arpa	*Harfe*	*Harp*	*Harpe*
Violino	*Violine*	*Violin*	*Violon*
Viola	*Bratsche*	*Viola*	*Alto*
Violoncello	*Violoncell*	*Violoncello*	*Violoncelle*
Contrabbasso	*Kontrabass*	*Double Bass*	*Contrebasse*

IV.

Segni e simboli

𝄽	pausa di semiminima	𝅘𝅥.	nota puntata
𝄾	pausa di croma	⌢	legatura (di fraseggio o di durata)
𝄿	pausa di semicroma	𝄐	corona
𝅀	pausa di biscroma	𝆒	sforzando
𝅁	pausa di semibiscroma		staccato
	pausa di breve		staccatissimo
	pausa di semibreve		tenuto
	pausa di minima	|◖◗|	breve
	stanghetta	𝅝	semibreve
	doppia stanghetta	𝅗𝅥	minima
	misura del tempo	𝅘𝅥	semiminima
	segno di ripetizione	𝅘𝅥𝅮	croma
𝄴	4/4	𝅘𝅥𝅯	semicroma
𝄵	2/2	𝅘𝅥𝅰	biscroma
		𝅘𝅥𝅱	semibiscroma

do₃ do centrale

(rigo) rigo

(lineette) lineette supplementari

🎼 chiave di violino (o di sol)

𝄢 chiave di basso (o di fa)

𝄡 chiave di do

{ graffa

8ᵛᵃ suonare un'ottava sopra

8ᵛᵃ suonare un'ottava sotto

fff ff f mf mp p pp ppp segni dinamici

< crescendo

> diminuendo

terzina

quintina

appoggiatura

acciaccatura

~ mordente superiore

mordente inferiore

∿ gruppetto

tr∿ trillo

indicazione della tonalità

Ib, IIb, *ecc.* primo rivolto

Ic, IIc, *ecc.* secondo rivolto

V⁷ settima dominante

I⁷, II⁷, III⁷, *ecc.* settime secondarie

V⁹ nona dominante

V¹¹ undicesima dominante

V¹³ tredicesima dominante

♯ diesis

♭ bemolle

♯♯ ✕ } doppio diesis

♭♭ doppio bemolle

♮ bequadro (o naturale)

I tonica

II sopratonica

III mediante

IV sottodominante

V dominante

VI sopradominante

VII sensibile

∏   arco in giú

V   arco in su

armonico naturale

armonico artificiale

tremolo

arpeggio

+   suoni chiusi

 basso numerato

Indice analitico

Parte prima

TACCHINARDI, ALBERTO, *Ritmica musicale*, Hoepli, Milano 1910.

PASSADORE, GIORGIO, *Introduzione alla musica*, Garzanti, Milano 1944.

PUCCIANTI, LUIGI e ANNA, *Acustica musicale*, Le Monnier, Firenze 1954.

COPLAND, AARON, *Come ascoltare la musica*, Garzanti, Milano 1959.

Dizionario Ricordi della musica e dei musicisti, diretto da C. Sartori, Ricordi, Milano 1959.

Dizionario di musica, di A. Della Corte e G. M. Gatti, Paravia, Torino 1959 (6ª ed.).

VAN BERGEIJK, W. A. - PIERCE, J. R. - DAVID JR, E. E., *L'universo dei suoni*, Einaudi, Torino 1961.

Enciclopedia della musica, diretta da C. Sartori, Ricordi, Milano 1963.

MACHABEY ARMAND, *La notazione musicale*, Ricordi, Milano 1963.

Musica, a cura di R. Stephan, ed. it. a cura di L. Pestalozza, Feltrinelli, Milano 1965.

La musica - Enciclopedia storica (e *Dizionario*), diretta da Guido M. Gatti, a cura di A. Basso, Utet, Torino 1966.

Parte seconda

FERRONI, V., *Corso di Contrappunto e Fuga*, Milano 1939.

DE SANCTIS, CESARE, *La polifonia nell'arte moderna*, Ricordi, Milano 1945.

DUBOIS, T., *Trattato di contrappunto e fuga*, Ricordi, Milano 1947.

HINDEMITH, PAUL, *Armonia tradizionale*, Curci, Milano 1955.

CASTIGLIONI, NICOLÒ, *Il linguaggio musicale dal Rinascimento a oggi*, Ricordi, Milano 1958.

SCHOENBERG, ARNOLD, *Manuale di armonia*, Il Saggiatore, Milano 1963.

PERRACHIO, LUIGI, *Trattato d'armonia elementare pratica*, Casimiri, Roma 1956 (2ª ed.).

Parte terza

BAS, G., *Trattato di forma musicale*, Milano 1920-22.

PERRACHIO, LUIGI, *I principi fondamentali della composizione musicale*, Casimiri, Roma 1955.

GHISLANZONI, ALBERTO, *Storia della Fuga*, Bocca, Milano 1952.

PICCIOLI, GIUSEPPE, *Il concerto per pianoforte e orchestra*, Curci, Milano 1954 (2ª ed.).

NIELSEN, RICCARDO, *Le forme musicali*, Bongiovanni, Bologna 1961.

BORTOLOTTO, MARIO, *Introduzione al lied romantico*, Ricordi, Milano 1961.

PINCHERLE, MARC, *L'orchestra da camera*, Ricordi, Milano 1963.

MANZONI, GIACOMO, *Guida all'ascolto della musica sinfonica*, Feltrinelli, Milano 1968.

Parte quarta

PASQUALI, G. - PRINCIPE, R., *Il violino*, Napoli 1926.

BERLIOZ, HECTOR, *Grande trattato di strumentazione e d'orchestrazione* (3 voll.), Ricordi, Milano 1948.

CASELLA, ALFREDO - MORTARI, VIRGILIO, *La tecnica dell'orchestra contemporanea*, Ricordi, Milano 1953.

ZECCHI, ADONE, *Il coro nella storia*, Bologna 1960.

PINZAUTI, LEONARDO, *Gli arnesi della musica*, Vallecchi, Firenze 1965.

CASELLA, ALFREDO, *Il pianoforte*, Ricordi, Milano 1966.

CONSONNI, *Istruzione e direzione del coro*, Edizioni Eco, Milano.

Parte quinta

BRUNELLI, GIULIO, *La lettura della partitura*, Bongiovanni, Bologna 1956.

Bibliografia

*Stampato per conto della Casa editrice Einaudi
presso ELCOGRAF S.p.A. - Stabilimento di Cles (Tn)*

C.L. 15444

Ristampa

24   25   26   27   28

Anno

2021   2022   2023